Herbert Hartmann (Hrsg.) · Kein Tag ist verloren

Herbert Hartmann (Hrsg.)

Kein Tag ist verloren

15 Geschichten
für den Herbst des Lebens

Die Deutsche Bibliothek – CIP-Einheitsaufnahme

Kein Tag ist verloren : 15 Geschichten für den Herbst des
Lebens / Herbert Hartmann (Hrsg.). – Lahr : Johannis, 1995
Lesezeit – Vorlesezeit ; 05514)
ISBN 3-501-05514-5
NE: GT

Lesezeit-Vorlesezeit 05514
© 1995 by Verlag der St.-Johannis-Druckerei, Lahr
Umschlagbild: K. Radtke
Gesamtherstellung:
St.-Johannis-Druckerei, 77922 Lahr
Printed in Germany 11907/1994

Inhalt

Johannes Schöne
Kein Tag ist verloren 7

Hans Orths
Bald ist es soweit 21

Anneliese Probst
Nachtwache 25

Edith Biewend
Vom Rollerfahren und vom lieben Gott 35

Ilse Schweizer
Plötzlich gab es viele Sitzplätze 46

Georges Kempf
Sein erstes Gedicht 48

Zenta Braun
Großmutters Leben 56

M. A. Misevicius
Die Geduld 60

Christel Looks-Theile
Das Leid überwinden 66

Ilse Schweizer
Man muß nicht so allein sein 68

Hans Bahrs
Tante Hanni … 70

Marzell Reiner
Kein Abend wie jeder andere … 75

Cordel Bertram
Jahresringe … 79

N. N.
Das Herz erfüllt von Lob und Dank … 83

Aus Italien
Zeit und Ewigkeit … 86

Quellennachweis … 89

Verzeichnis der Lesedauer … 91

Johannes Schöne

Kein Tag ist verloren

Von heimlicher Liebe spricht man nicht. Ich tu es doch. Die ich liebe, ist tot. Meine Liebe aber ist nicht gestorben. Sie ist eine besondere Liebe. Von ihr weiß ich: will ich sie für mich behalten, werde ich sie verlieren.

Also muß ich erzählen. Es war im vergangenen Herbst. Von Schmerzen wach gehalten, lag ich und hörte, wie die Äpfel ins Gras fielen. Dieser Herbst, dachte ich, wird mein letzter sein. Ich dachte es nur, ich fürchtete es nicht, ja, mehr und mehr hoffte ich es, so wie man den Abschied herbeiwünscht, wenn die Koffer gepackt an der Tür stehen. Was ich fürchtete, mehr als den Tod, war ein Leiden, das sich weit ins Alter schleppt.

»Wenn ich Rentner bin?« – Wie viele Möglichkeiten hatte ich mir ausgemalt! Auch an ein frühes Sterben hatte ich gedacht, nur nicht an dieses: das Hinfristen eines nutzlosen und darum – so wähnte ich – sinnlosen Lebens.

Noch konnte ich, wenn auch übernächtigt und lustlos, meinen täglichen Aufgaben nachgehen und den bohrenden Schmerz darüber für Stunden vergessen. – Wie lange noch? Schon fürchtete ich mich vor jedem weiten Weg, mehr noch vor Menschen, die Trost und Ermutigung von mir erhofften.

Begann die Sinnlosigkeit bereits ihr absurdes Spiel mit mir und anderen zu treiben: hilfloser Helfer, trostloser Tröster?

Dann kommt der Tag, an dessen Morgen ich mir nichts als den Abend wünsche: der siebzigste Geburtstag einer gelähmten Frau. Als sie fünfundsechzig wurde, vergaß ich, sie zu besuchen, und holte das Versäumte auch nicht nach. Heute nun muß es sein. Vor ein paar Tagen sprach mich eine Hausgenossin der Alten auf der Straße an, ich möge nur ja nicht vergessen, gratulieren zu kommen; ich werde erwartet.

Gratulieren – wozu? Daß dieses Menschenkind seit mehr als fünfzehn Jahren mit schmerzverbogenen Gliedern in einem Rollstuhl hockt? Was soll ich dort? – Dürfte ich ihr die Stube auswischen, die Fenster putzen, den Ofen anheizen – wie gern wollte ich bis zum Abend bei ihr aushalten! Aber ich soll ja nichts tun, ich soll etwas sagen. Was soll ich sagen? – Gottes Wort. Ja. Aber welches denn? Und vor allem: wie denn? Ich nehme die Bibel; sie schlägt sich schon von selber auf: »Mein Gott, warum hast du mich verlassen?«

Am Gartentor wartet mein Fahrrad. Auf seinem Sattel liegt ein Strauß weißer und hellroter Cosmeablüten. So weiß meine Frau, wie schwer der Weg mir wird.

Zehn Minuten später klingle ich an der Wohnungstür der Alten; die Tür ist nur angelehnt. Eine brüchige Stimme ruft. Im dunklen Flur prallt etwas Weiches gegen meine Knöchel und schlüpft hechelnd durch einen zweiten Türspalt. Ich folge. Eine schwarzgekleidete Frau dreht sich mit ihrem Rollstuhl, die Hinterräder hastig anschiebend, vom Fenster weg; bei jedem Schub wippt ihr Oberkörper auf mich zu: ein verunglückter Riesenvogel, der zum Angriff übergeht. Das Wollknäuel schnüffelt mir zwischen den Füßen.

»Suse, setz! – Guten Tag, nehmen Sie Platz!« Ich halte die verkrümmte Hand, die sie mir zur Begrüßung bietet, behutsam fest und suche verzweifelt nach einem guten Wort.

Die Alte kommt mir zuvor. »Guck, Suse, Blumen!« sagt sie und beugt sich zu ihrem Pudelkind. Dann weist sie mich an, den Strauß in eine Vase zu tun.

Während ich am Ausguß die Vase mit Wasser fülle und die Blumen ordne, sagt die Frau: »Ich danke Ihnen.«

Es seien die letzten aus unserem Garten, erkläre ich, die müde hängenden Blüten entschuldigend.

»Nicht doch«, entgegnete sie, »ich meine, daß Sie gekommen sind.«

Ich stelle die Blumen auf den Tisch und sehe hinter ihnen das von Schmerzen zerrissene Gesicht lächeln. Da fällt alle Angst von mir ab, und ich kann ihr sagen, daß ich ihren Geburtstag vor fünf Jahren vergessen und seitdem gefürchtet habe, sie würde mir darum gram sein.

»Nein«, sagt sie, »nein, ich habe aufgehört zu denken, wie dieses und jenes hätte sein können. Mir bleibt genug an dem, was ist. Verstehen Sie? Nur was heute ist, gilt mir. Und heute sind Sie da, und Blumen sind da, Suse ist da und hat eine gesunde, feuchte Schnauze, ja, und – lachen Sie mich aus! – sogar eine Zuckertüte ist da. Wie bei einem Schulanfänger! Ist sie nicht süß?« Damit deutet sie nach ihrem Bett an der Wand. Und wirklich, dort liegt in der Mulde zwischen Kopfkissen und Federbett eine Zuckertüte aus rotem Glanzpapier.

Wie sie denn zu der Zuckertüte gekommen sei, frage ich. Das werde sie mir später verraten, eröffnet sie mir mit so liebenswürdiger Bestimmtheit, als habe sie ihr Programm schon längst im Kopf.

»Jetzt trinken wir eine Flasche Wein, nicht wahr?« Und schon zeigt sie mir, wo die Flasche und die Gläser stehen, und weist mich weiter an, bis der Tisch mit einem frischen Tuch gedeckt ist und die Gläser gefüllt sind. – Wein auf meinen kranken und nüchternen Magen? Ich werde es büßen.

»Nun?« fragt sie, als ich mich ihr gegenüber an den Tisch gesetzt habe. Ich hebe mein Glas und sage: »Auf heute und – sooft es für uns noch Heute heißt!« Ich nippe bereits von meinem Wein, als sie, den Fuß ihres Glases gegen die Tischplatte drückend, sich bückt wie ein Vogel über seine Tränke. Anstrengung und äußerste Achtsamkeit lassen ihren Kopf erzittern. Schnell stehe ich auf, nehme das Glas und führe es ihr an die Lippen. Nach ein paar Schlucken läßt sie sich zurückfallen und atmet auf.

»Danke«, sagt sie, »danke für das Heute und – solange es Heute heißt. Es wird alles drin sein. Alles!«

Was denn drin sein werde, frage ich.

»Alles«, wiederholt sie, »alles, was gut ist, so gut, daß es keinen verlorenen Tag mehr gibt.«

Da mir eine neue Frage wohl zu deutlich im Gesicht steht, zeigt sie zu ihrem Bett hinüber. Dort liegt die Zuckertüte, und dahinter hängt ein bestickter Wandschoner. Ob ich die Schrift erkennen könne?

»Natürlich!« sage ich und lese, was in Kreuzstich mit verblaßten roten Fäden auf dem Wandschoner steht: »Ohne Fleiß kein Preis.«

Da lacht sie hell heraus. »Ich meine doch nicht«, sagt sie, an ihrem Lachen schluckend, »den dummen Spruch. Ich meine, was auf dem Blatt darüber steht.«

Nein, das kann ich weder erkennen noch erraten. Ich trete dicht an das Bett heran. »Kein Tag«, lese ich laut, »kein Tag ist verloren, an dem es etwas zu lieben, zu lächeln oder zu leiden gibt.«

Meine Gastgeberin hat es mitgesprochen, als sei es ein Gebet. »Sehen Sie, das meine ich«, sagt sie, »das alles ist drin in jedem Tag. Zu lieben ist drin, zu lächeln ist drin und zu leiden ist drin – und von jedem genug.«

Wieder gebe ich ihr von ihrem Wein zu trinken.

»Warum ich Ihnen das sage?« fragt sie, als sei es besser, mir diese Frage zu ersparen. »Sie sahen so traurig aus, vorhin an der Tür. – Sie denken vielleicht zuviel an morgen – und verzeihen Sie, ich will Sie nicht belehren. Dieses Wort steht ja nicht in der Bibel. – Ich bin ein schlechter Christ, nicht wahr?«

Da ihr Glas leer ist, schenke ich es wieder voll, auch mir selber fülle ich nach und trinke aus und schenke mir wieder ein. Es ist mir nicht mehr wichtig, ob der Wein meinem Magen schadet. Ich weiß nicht warum. Ist es darum, daß diese Frau mir immer lieber wird oder weil ich auf einmal über mich selber lächeln kann? Über die Angst, mit der ich hierher fuhr?

»Sind Sie ein schlechter Christ«, sage ich, »so bin ich ein noch viel schlechterer. Dieses Wort? – Ich möchte es so lernen, wie Sie es gelernt haben.«

»Nein«, wehrt sie ab und lächelt verschmitzt, »nicht wie ich, sondern – hören Sie! – nach der Ganzheitsmethode!«

Soll das ein Witz sein, oder ist sie schon ein bißchen beschwipst? –

»Und damit«, erklärte sie, »sind wir bei der Zuckertüte. Aber schenken Sie uns noch einmal ein, und geben Sie mir eine Tablette aus dem grünen Röllchen dort!« – Ich gehorche. Und nachdem sie ihre Tablette geschluckt hat, und ich mein drittes Glas geleert habe, erzählt sie.

»Ja, das war so: Gestern gegen Abend kommt eine junge Frau aus unserm Hause mit ihrem Töchterchen zu mir. Die Kleine geht seit einem Monat zur Schule und will mir gratulieren, gestern, weil sie heute nicht kann. Zum Schulanfang ist sie sehr reich beschenkt worden, zu reich, wie die kluge Mutter sagte. So schenkt man mir eine der Zuckertüten. Da werde ich also, sage ich zu der Mutter, auf meine alten Tage noch einmal Abc-Schütze. Nein, belehrt die Frau mich, so etwas gäbe es heute nicht mehr: Abc und Buchstabieren; die Kinder lernten heutzutage nach der Ganzheitsmethode lesen. Als ich frage, was das bedeute, erklärt sie mir: nicht die einzelnen Buchstaben lernten die Kinder lesen, sondern ganze Worte mit einem einzigen Blick zu erfassen.

Als die beiden gegangen sind, denke ich: man kann doch von den jungen Leuten noch lernen. Hättest du dein Lieben, Lächeln und Leiden gleich im ganzen erfaßt, statt an jedem für sich herumzubuchstabieren, wäre dir viel Kummer erspart geblieben. Verstehen Sie?«

»Nicht ganz«, gestehe ich. »Auch ich buchstabiere noch.«

Der Pudel, der zwischen den Rädern des Rollstuhls lag, schwänzelt und schnüffelt zwischen ihr und mir hin und her. Ob ich ihn hinauslassen solle, frage ich. Sie schüttelt den Kopf. »Setz, Suse! – Buchstabieren«, wiederholt sie unbeirrt, »buchstabieren ist verkehrt. Ich versuchte es zuerst mit dem Lieben. Wenn du das wieder lernst, dachte ich, hast du schon viel gewonnen; dann hat ein Tag seinen guten Sinn; dann vergißt du auch, solange du liebst, deinen Kummer. Also bemühte ich mich, die Frau, die mich versorgt, zu lieben, ihr vieles Schwatzen und Poltern zu entschuldigen, ihre schmutzigen Fingernägel zu ertragen. Aber es ging nicht, es blieb alles beim alten: ich sah sie lieber gehen als kommen. Warum, fragte ich mich, kann sie mit gesunden Gliedern herumwirtschaften, und du darfst dich nicht rühren ohne Schmerz? – Auch die Leute, die unter meinem Fenster vorübergingen, wollte ich lieben lernen: die Mütter, die ihre Kinderwagen vorbeischoben, das junge Volk an der Ecke vorn und die Alten, wenn sie drüben vor dem Laden standen und sich erzählten. Nur Freundliches wollte ich von ihnen denken; aber da riß mir der Schmerz durch die Glieder und machte alles zunichte.

Was gibt ihnen ein Recht auf ihre Gesundheit, fragte ich mich. Da stehen oder spazieren sie, und keiner sieht zu mir herein. Und schon war das bißchen Liebe bitter, und am Ende haßte ich alles, was da vorüberging, mehr als zuvor.

Gut, dachte ich, wenn es mit dem Lieben nichts ist, dann lächle wenigstens, lächle über diese böse, dumme Welt! Zeig ihnen die Zähne und lach sie aus! – Du lieber Gott, das war kein Lächeln mehr, das war nichts als Hohn. Oft erschrak ich über mein Lachen, und wie ich selber dumm und böse wurde.

Nein, sollte das Wort stimmen, dann mußte es wohl ein ganz anderes Lächeln sein. Aber wenn es den Gesunden nicht oder selten gelang, wie sollte es mir gelingen? Mußte mein Leiden mir nicht jeden Tag verderben? Was sollte das: Kein Tag ist verloren, an dem es etwas zu lieben, zu lächeln oder zu leiden gibt? Mir wurde das Wort mehr und mehr verdächtig. – Setz, Suse! Pfui!«

Der Pudel knurrte mich an. Die Alte beugte sich zu ihm herab und krault ihm das lockige Fell. Nun leckt er ihr die Hand.

»Woher«, frage ich, »stammt eigentlich dieses Wort?«

»Das ist es ja!« bekennt sie. »Der es mir aufschrieb, war der einzige Mensch, den ich noch gelten ließ. Darum konnte ich nicht glauben, daß es mich irreführen sollte. Freilich, an dem ›Leiden‹ hatte ich mich schon beim ersten Lesen gestoßen. Wie sollte Leiden ein Gewinn sein! War es nicht der einzige Grund, daß mir alle Tage verloren schienen? Darum hatte ich ›Leiden‹ von vornherein ausgeklammert und mit ›Lieben‹ und ›Lächeln‹ versucht, meinen Tagen einen Inhalt zu geben.

Nun war ich damit am Ende. Suse, komm! Geben Sie mir den Hund bitte auf den Schoß. Danke! Nun sei brav, Suse!« Sie streichelt den Pudel und schweigt. Ob ich ihr noch einmal einschenken dürfe, frage ich.

»Wirklich am Ende«, fährt sie fort. »Glauben Sie mir, das sagt man oft so hin: ich bin am Ende. Ich war es wirklich, ich war entschlossen, meinem Dasein ein Ende zu machen. Aber selbst dazu war ich zu sehr behindert. Ich ließ mich gehen, aß nicht, verweigerte die Medikamente, die mir die Aufwartung pünktlich reichte; nicht einmal mehr mochte ich mich von ihr waschen und kämmen lassen. Ihre Ratlosigkeit genoß ich mit einem gehässigen Trotz. Ein Wunder, daß die Frau nicht davonlief. – Doch, eines Tages ließ sie den Wischeimer stehen und ging und kam nach einer Stunde wieder mit einer Schwester, einer Diakonisse, die kaum an die Vierzig sein mochte.

Jetzt hatte mein Haß ein neues Opfer. Sie solle sich zu ihren Kranken scheren, sagte ich. Die Schwester schüttelte nur den Kopf und ließ sich von der Aufwartung meine Arzneien zeigen. Mit einem Glas Wasser und einer Tablette auf einem Tellerchen trat sie an mein Bett; eben wollte ich ihr den Rücken kehren, als ich ihre Hände sah, zwei von durchsichtiger Haut überspannte, verunstaltete Hände, die nur mit äußerster Mühe das Tellerchen halten konnten. ›Ich bin nicht mehr im Dienst‹, sagte sie, ›ich habe jetzt einen neuen Beruf.‹ – Wozu sollten solche Hände noch gut sein, fragte ich mich und hörte unter dem Zittern ihrer Hände das Glas auf dem Teller klappern. ›Ach, einen neuen Beruf‹, wiederholte ich, ohne meinen Spott zu verbergen. ›Was denn für einen, wenn man fragen darf?‹ – Und um das Zittern zu bezwingen, zog sie Teller und Glas an die Brust und sagte: ›Den gleichen wie Sie; den Beruf zu leiden.‹ – ›Leiden?‹ höhnte ich, ›ein herrlicher Beruf! Haben Sie sich schon qualifiziert?‹ Ich war wie besessen in meinem Haß. Als wehrten sich alle Teufel in mir gegen das Unbekannte, das in Gestalt der Schwester vor mir stand, riß ich ihr das Glas vom Teller und schrie sie an: ›Wohl bekomm's, Kollegin! Auf unseren herrlichen Beruf!‹

Glaubte ich, sie würde nun gehen, so hatte ich mich geirrt. Sie blieb und sah mich an – mein Gott, wie eben eine Schwester einen kranken Menschen ansieht. Sie reichte mir den Teller, damit ich die Tablette nähme, und sagte: ›Ich weiß, es ist schwer. Leiden ist Gottesberuf.‹ Da schlug ich ihr den Teller aus der Hand und schrie sie wieder an: ›Scheren Sie sich zum Teufel mit Ihrem frommen Gewäsch!‹ Ich warf mich herum und zog mir die Decke über den Kopf. Hinter mir regte sich nichts. Jetzt werden sie dich ins Irrenhaus bringen, dachte ich. Als ich mich umdrehte, war das Zimmer leer. – Suse, setz! – Suse!«

Der Hund spreizt die Vorderbeine und bellt mich an. Wieder streichelt sie ihn, bis er sich beruhigt. Knurrend, mit einem schiefen Blick nach mir kuschelt er sich endlich in den Schoß der Herrin.

»Eigentlich«, fährt sie fort, »ist schon alles gesagt. Denn die Schwester hatte alles gesagt. – Am Morgen kam die Aufwartefrau zur gewohnten Stunde. Ich fragte nach der Schwester. Sie sei, bekam ich nun zu hören, abgereist, ins Mutterhaus; sie habe sich nur zu kurzem Besuch bei Nachbarn aufgehalten. Später erfuhr ich, sie sei noch im selben Jahr an ihren Verbrennungen gestorben. – Mit jener Nacht aber war alles anders geworden. Ich lernte leiden, nicht von heute auf morgen, nein, stückchenweise nur, aufgabenweise, wie eben ein alter Mensch lernt – wie er eine fremde Sprache lernt, schwerfällig und doch voller Staunen für die andere Welt, in die ihn die neue Sprache führt. Leiden ist Gottes Sprache, das erfuhr ich nun. Und indem ich mein Leiden lernte, lernte ich auch wie von selbst, was mir zuvor mißlingen mußte: ich lernte lieben und lächeln. Sooft ich nun am Fenster saß und auf die Straße hinuntersah – es blieb doch dieselbe Straße mit denselben Menschen – ja, da wurden mir die Vorübergehenden von Tag zu Tag lieber, und ich freute mich auf sie, wenn sie zu bestimmter Zeit zu erwarten waren: die Schulkinder, die milchholenden Mütter, die heimkehrenden Arbeiter. Kein Tag konnte mehr verloren sein. – Aber Suse! Suse! Pfui!«

Der Pudel hat in mein Hosenbein geschnappt. Jetzt bellt er aus der Deckung der Rollstuhlräder.

»Er mag mich wohl nicht leiden?« frage ich. Sie lächelt mich an mit spitzbübischem Bedauern und nickt.

»Nehmen Sie es ihm nicht übel«, bittet sie, »es ist ja nur die Kehrseite seiner Liebe zu mir. Er meint wohl, ich sollte mich nun wieder um ihn allein kümmern.«

Als ich aufstehe, kommt er unter dem Rollstuhl hervorgekrochen. Ich beuge mich zu ihm; er läßt sich streicheln und leckt meine Hand.

»Ich danke«, sage ich, »nicht nur für den Wein.« Die Gläser und die Flasche räume ich noch weg.

»Möchten Sie die Zuckertüte haben?« fragt sie. Ich laufe rot an wie ein Schuljunge – natürlich: ein Schuljunge!

Sie zeigt mir, wo Einschlagpapier liegt. Nein,

danke! Ich nehme die Tüte unverhüllt in meinen linken Arm.

Dann radle ich durch die Straßen heimwärts – ein arg verspäteter Schulanfänger.

Hans Orths

Bald ist es soweit

Du hast es schon immer gewußt. Seit Jahren weißt du es ganz genau. Und dennoch, wenn der Zeitpunkt gekommen ist, wenn es dich dann trifft, stehst du hilflos da, machtlos, überrascht, mit einem großen Schmerz in deinem Herzen. Es geht um deine drei Kinder. Sie sind 25, 23 und 19 Jahre und alle noch zu Hause.

Es war eine schöne Zeit mit ihnen. Wenn auch hier und da einmal etwas Negatives ins Spiel kam, im großen und ganzen seid ihr eine harmonische Familie, die gut zusammenhält. Jeder gemeinsame Tag ist wie ein Geschenk, die meist prima Atmosphäre wurde fast zur Selbstverständlichkeit, darum schmerzt die Trennung jetzt doppelt so stark. Denn bald ist es soweit: Der Jüngste wird in diesen Tagen zur Bundeswehr eingezogen, später geht's dann ins Studium; der Mittlere zieht bald nach auswärts, um ebenfalls ein Studium zu beginnen. Und in einem halben Jahr möchte die Älteste heiraten.

Innerhalb kurzer Zeit wird es in eurem Haus ganz still sein. Du hast es schon immer gewußt, daß du deine Kinder erziehst, damit sie später einmal eigene Wege gehen, für andere da sind, eine Familie gründen. Und trotzdem: Irgendwie kannst du es nicht begreifen. Es fällt dir schwer, dich damit abzufinden.

Vor einigen Wochen war es an zwei Sonntagen hintereinander, daß alle drei ihre besonderen Pläne und Veranstaltungen hatten. Sie waren nicht daheim, und ihr bekamt einen Vorgeschmack davon, wie es demnächst einmal sein wird. Die ungewohnte Stille wirkte beklemmend, drückend, es fehlte ganz einfach die Betriebsamkeit, der Rummel, an den ihr so gewöhnt seid, denn manchmal bringen die Kinder auch ihre Freunde mit ins Haus, so daß bei euch meist »etwas los« ist.

Was kann man dagegen machen? Was kann man dagegen tun?

Du hast irgendwann irgendwo gelesen, auf solche Situationen müsse man sich zeitig vorbereiten, selbst viele Interessen, Hobbys usw. haben, Initiativen entwickeln, um abgelenkt zu werden und gegen dieses Schrumpfen der Familie gewappnet zu sein. Das hört sich alles gut an.

Klar, du hast einige Bekannte und Freunde, mit denen ihr euch treffen könnt, du hast außer deiner Arbeit mehrere Hobbys, die dir Beschäftigung und Abwechslung geben, du hast in deiner Gemeinde ehrenamtliche Tätigkeiten, die du gerne verrichtest, aber deine Gefühle, deine Liebe zu den Kindern kannst du damit nicht übertönen.

Diese Einsamkeit, der Gedanke, deine Kinder irgendwie verloren zu haben, wird sicher lange andauern, und du kannst nur hoffen, daß die Zeit, die gemäß Sprichwort alle Wunden heilt, dir hilft, dich auf die neue Situation nach und nach richtig einzustellen.

Natürlich werden die Kinder hier und da wieder zurückkommen oder euch besuchen. Vielleicht werdet ihr später, wenn einmal Enkelkinder da sind, gerne als Babysitter gebraucht, aber es ist dann nicht mehr dasselbe. Deine Frau wird jetzt mehr Zeit für dich aufbringen können, und du wirst mehr Zeit für deine Frau finden. Vielleicht erfährt dadurch eure Ehe eine neue Vertiefung, erhält andere Impulse.

Dein ganzes Leben hindurch hat dich immer ein großes Gottvertrauen begleitet. Und auch heute, an diesem Abend, wo du deine Gedanken niederschreibst, mußt du ganz sicher sein, daß Gott bei dir ist, bei deiner Frau und den Kindern. Daß er seine Hand über euch hält. Und dein unbedingtes Gottvertrauen, dein Hoffen auf seine unermeßliche Liebe und Gnade wird dich befähigen, mit dieser neuen Situation fertig zu werden und zu entdecken, daß diese Station eures Lebens nur Durchgang ist, Durchgang zu einem anderen, vielleicht demnächst abgeklärteren und auf eine besondere Art schöneren Leben.

Diese andere Lebensweise gibt euch dann die Möglichkeit, eure Zeit noch mehr als bisher in den Dienst der Nachfolge Christi zu stellen . . .

Anneliese Probst

Nachtwache

Im Alter von fünf Monaten bleibt Resi zum ersten Mal über Nacht bei uns.

Ihre Eltern haben eine Einladung außerhalb der Stadt angenommen, sie kommen erst am Vormittag des folgenden Sonntags zurück. Nimmst du sie – heißt es –, ach bitte, sie macht höchst selten Theater, laß sie nur abends noch ein bißchen bei euch, stell den Kinderwagen ins Wohnzimmer oder leg sie auf die Couch, dann ist sie später um so müder. Wir sind bestimmt vor dem Mittagessen zurück, und schönen Dank!

Natürlich bin ich einverstanden!

Wir holen das alte Kinderbett vom Boden, das wir für die Enkelkinder aufgehoben haben, nun wird es endlich wieder gebraucht. Wir stellen es in das frühere Kinderzimmer, das wir uns, seit die Kinder aus dem Haus sind, als Arbeitszimmer eingerichtet haben – Nähmaschine, Arbeitstisch, ein kleiner Sekretär, ein Harmonium, ein Klavier und zwei hohe Bücherschränke – hier paßt nichts zusammen, hier liegen die Noten neben einer halbfertigen Stickerei, hier häufen sich Kleidungsstücke, die nicht mehr getragen werden, vom Stoff her aber noch so gut sind, daß ich sie nicht wegwerfen möchte – aus Sommerkleidern will ich Schürzen nähen und aus alten weißen Oberhemden Taschentücher. Nun trenn dich endlich von dem Kram, mahnt Johannes immer wieder, sonst erstickst du noch in ihm. Aber ich kann mich nicht trennen! Ein Zimmer, in dem die Unordnung nicht stört, Klavier und Harmonium laden zum Musizieren ein, kein Tag vergeht, an dem sich Johannes nicht an eines der Instrumente setzt und spielt.

Das Kinderbett fügt sich in das fröhliche Durcheinander ein, der Tisch wird als Wickelkommode benutzt, die grüne Plastewanne stellen wir auf einen Küchenhocker – alles ist bereit für die kleine Dame!

Trotzdem habe ich ein ungutes Gefühl, eine kleine Sorge. Ich erinnere mich: Meine Kinder haben mir manche Nachtruhe geraubt! Sie schliefen tagsüber, nachts aber waren sie munter und wollten unterhalten werden, und es gefielen weder Dunkelheit noch Stille, sie wehrten sich entschieden gegen beides, und meist mit Erfolg! Die Stille verdrängten sie, indem sie – je nach Laune – temperamentvoll oder jämmerlich brüllten. Die Dunkelheit wurde als Folge dieses Gebrülls von ihnen genommen: ich machte Licht und beschäftigte mich mit den lieben Kleinen, ich war anfangs sanft und geduldig, aber je mehr Zeit verstrich, desto heftiger litt ich unter meiner eigenen Nervosität, ich begann zu schelten, zu drohen, die Kinder verstanden meine Worte nicht, wohl aber den Ton, in dem sie gesagt wurden. Nun greinten sie nur noch, an Schlafen war nach wie vor nicht zu denken. Erst weit nach Mitternacht – so zwischen zwei und drei Uhr morgens – wurden die Kinder endlich von der Müdigkeit überwältigt, sie schliefen so lange, daß meine Morgenarbeit stets geschafft war, wenn sie endlich erwachten.

Ich hatte Zeit für sie, und ich fand den Tag angenehm, weil er nicht von Tätigkeiten aller Art belastet wurde, die Zimmer waren sauber, die Wäsche gewaschen, das Essen vorbereitet. Die Kinder gediehen, sie machten uns viel Freude – aber die Nächte wuchsen sich allmählich zu einem bedrückenden Problem aus, nur der Trost, daß jedes Kind im Laufe der Zeit in den normalen Lebensrhythmus fällt, hielt uns aufrecht.

Später hatten wir in dieser Beziehung auch keine Schwierigkeiten mehr, die Kinder gingen abends ohne Protest ins Bett und standen morgens voller Protest auf, das war natürlich, uns ging es nicht anders, gerade am Morgen fühlten auch wir uns im Bett am wohlsten.

Und nun also Resi! Laß sie ruhig mal weinen, mahnt Sigrid. Das schadet nicht. Bloß nicht so in den Mittelpunkt schieben, sie merkt es und tyrannisiert euch sofort!

Kluge Reden. Ich höre und schweige. Und hoffe.

Hoffe, daß die jungen Leute bisher konsequent und energisch auf ihre – und damit auch auf unsere – Nachtruhe bedacht gewesen sind. Daß sie alles viel richtiger gemacht haben als wir früher. Daß ich nachträglich noch von ihnen lernen kann!

Strahlend und vergnügt strampelt Resi in dem Kinderbett, rollt sich auf den Bauch und wirft sich auf den Rücken, umgreift die weißen Gitterstangen, brabbelt und maunzt wie eine kleine Katze, sie stört mich nicht, ich kann an der Nähmaschine sitzen und eine geblümte Latzschürze nähen, und ich kann immer wieder den Blick auf der Kleinen ruhen lassen und mich an ihr freuen. Leider nieselt es draußen, so unterbleibt die Spazierfahrt.

Johannes setzt sich an das Klavier und spielt Kinderlieder, Resi kriegt große Augen, sie jauchzt, als sie in der Wanne gebadet wird, und sie brüllt, als ich sie zum Schlafen ins Bett lege. Der runde Körper streckt sich, die Mundwinkel verziehen sich, die Augen funkeln, und dann ist der winzige Mensch nur noch ein einziges Geschrei, und nichts kann ihn ablenken oder trösten, sein Wille fügt sich unserem Willen nicht, er stellt sich ihm entgegen, große Frage, wer am Ende der Stärkere sein wird. Nein, eigentlich keine Frage – meine Nerven sind mit den Jahren noch schlechter geworden, und dann kann ich Resi doch nicht so jammervoll weinen lassen, vielleicht wird sie krank und fühlt sich nicht wohl und hat Schmerzen und möchte uns auf diese Weise darauf aufmerksam machen? Ich seufze.

Ich sehe Johannes an, und er sieht mich an, und dann fügen wir uns gemeinsam in das Unabänderliche.

Also wieder Abendzirkus, sagt Johannes.

Er geht hinüber zu Resi, nimmt sie auf den Arm, sogleich ist sie still und erwartungsvoll. Ich lege ein paar Kissen auf der Couch zurecht, hole die weiche Babydecke, aber Resi will nicht ordentlich zugedeckt auf der Couch liegen, sie will sich mit ihren Füßen vergnügen, die sie durch den Strampelsack hindurch fühlen kann, da ist sie beschäftigt, und wir haben unsere Ruhe, und es wird ein friedlicher Abend. Fernseher und Radio schweigen, unwillkürlich wird unsere Unterhaltung immer leiser und bedächtiger, kein Geräusch soll Resi stören, keine Bewegung sie aufschrecken vielleicht, daß sie auf der Couch einschläft und wir sie dann zurück ins Kinderbett tragen können, trügerische Hoffnung: sie ist bestimmt besser erzogen, als es die eigenen Kinder einmal gewesen sind!

Aber dann wiederholt sich leider doch das Längstvergangene: Resi will nicht einschlafen,

Johannes wird ärgerlich und möchte ein Exempel statuieren, und ich schalte im Kinderzimmer die kleine Nähtischlampe an, schiebe einen Stuhl neben das Kinderbett, windele Resi noch einmal, damit sie trocken liegt, decke sie zu, klopfe ihr leicht auf den Rücken und summe Abendlieder, leise, einschläfernd. Ich werde immer müder, aber ich zähle nicht, ich bin nur Mittel zum Zweck: zu dem Zweck, daß sich Resi im Dunkeln weder fürchtet noch langweilt!

Hin und wieder duselt sie ein, findet in einen leichten Halbschlaf, ich atme auf, schleiche auf Zehenspitzen aus dem Zimmer, ärgere mich über knarrende Dielen und quietschende Türen, mache mich für die Nacht fertig, lege mich aufatmend ins Bett.

Sie schläft, flüstere ich Johannes zu, er knurrt mißtrauisch, ich schließe die Augen. Lausche. Höre, wie der Wind sich unter klappernden Ziegeln versteckt und den hohen Kastanienbaum vom Nachbargrundstück durcheinanderrüttelt. Höre mein Herz schlagen, das ist lästig. Höre Johannes' Atem. Werde ein wenig neidisch: kaum, daß er sich abends im Bett ausstreckt, schläft er schon tief und fest, und nur sehr laute Geräusche wecken ihn auf, kein Windesrauschen, kein Herzschlag. Er liegt nicht auf der Lauer wie ich, gespannt wartend auf einen Kinderschrei!

Ich höre ihn endlich in meiner Phantasie – ich höre ihn in Wirklichkeit, da husche ich hinüber ins Kinderzimmer, spreche tröstliche Worte, lege das Kind auf die andere Seite, summe wieder ein Kinderlied, setze mich fröstelnd auf den Küchenhocker, der noch vom Baden stehengeblieben ist, spüre, wie die Nervosität in mir zunimmt, ich möchte schlafen, ich bin sehr müde. Kaum aber, daß ich leise aufstehe, wirft sich Resi mit einem Schwung herum, sucht mich mit den Augen, lächelt verschlagen und darüber hinaus getröstet, weil sie mich gefunden hat, und da kann ich ihr nicht böse sein!

Warte, sage ich, ich komme gleich wieder, nun sei aber auch lieb!

Sie steckt den Daumen in den Mund und nuckelt zufrieden, während ich mir den Morgenmantel anziehe und nach den Pantoffeln angele, es ist nicht unbedingt notwendig, daß ich mir zu allem Übel noch eine Erkältung hole. Ich brühe mir eine Tasse Tee und trinke ihn in kleinen Schlucken, das wärmt mich ordentlich von innen auf. Dann setze ich mich neben das Kinderbett, ein stiller Schutz gegen das drohende Gefühl der Verlassenheit, und vielleicht ist es nur diese Verlassenheit, gegen die das Kind mit den ihm zur Verfügung stehenden Mitteln zu Felde zieht! Verlassenheit bringt Angst mit sich, und wie soll ein Kind mit der Angst fertig werden? Es kann nur seinen Schrei dagegenstellen oder den Schlaf, aber wenn es den Schlaf nicht findet?

Schon gut, denke ich, mit der Zeit wirst du es lernen, da bin ich sicher. Und ich gehe nicht weg, ich bin da, nun mach die Augen zu, du sollst in unserem Haus doch zur Ruhe kommen. Es ist zwar ein sehr hellhöriges Haus mit klappernden Ziegeln und knarrenden Dielen und einem hellen Pfeifton, den der Westwind zustande bringt, der sich erst im Kirschbaum verfängt, um danach um die Hausecke zu schwirren, aber es ist wie ein Mantel aus Stein, der uns vor Gefahren schützt.

Vorsichtig stelle ich die leere Tasse auf die Nähmaschine. Das sanfte Licht der Lampe wirft einen rötlichen Schimmer auf das Kindergesicht, jetzt sind die Augen geschlossen, und der Atem geht ruhig und gleichmäßig.

Ich gähne und stehe leise auf. Die Diele ächzt, ich halte den Atem an, aber Resi bewegt sich nicht, endlich hat sie in einen tiefen Schlaf gefunden. Ich lösche das Licht, strecke mich aus, lausche, schlafe, lausche wieder, nun dämmert der Morgen herauf, fahl und bleich, ein Vogel versucht draußen im Garten sein erstes Lied, ein paar Töne, der Triller verhaucht, vielleicht ruht der Kopf schon wieder unter den Flügeln. Traumlied, damit wird das Morgenlicht begrüßt . . .

Na, fragt Johannes beim Frühstück, wie war es? Laß nur, du brauchst mir nichts zu sagen, ich sehe es dir an: Ringe unter den Augen, müder Blick, darüber täuscht auch dein Lächeln nicht hinweg. Abend- und Nachtzirkus, wie gehabt, nicht wahr?

Wie gehabt, antworte ich. Dafür läßt uns das Fräulein in Ruhe frühstücken, ist das etwa nichts?

Er lächelt. Er versteht.

Das bedeutet nicht, daß er alles billigt. Ich billige

ja auch nicht alles. Eine Nacht kann man schon einmal an einem Kinderbett zubringen – aber jede Nacht? Wie schafft das Sigrid? Wie habe ich es früher geschafft? Schon werde ich wieder nervös, da legt mir Johannes die Hand auf den Arm und sagt: Es ist nicht unsere Sache. Wir haben andere Aufgaben. Vergiß das nicht!

Ich gieße ihm noch eine Tasse Kaffee ein. Sonntagmorgenkaffee – dahinein klingt fröhliches Krähen und Jauchzen, Resi hat einen Fuß durch den Verschluß des Strampelsackes gesteckt und spielt mit ihren Zehen. Sie lacht, als sie uns sieht, streckt uns die Arme entgegen.

Johannes hebt sie hoch und gibt ihr einen Kuß auf die Stirn. Guten Morgen, sagt er. Resi patscht ihm mit ihren dicken Händchen auf das lichte Haar, ich hole die Milchflasche aus der Küche, sie greift gierig danach und beginnt zu trinken, genüßliches Schmatzen und wohliges Grunzen, ein munteres Kind, ein ausgeschlafener Großvater und eine müde Großmutter – so sind die Gewichte richtig verteilt, und es hat alles seine Ordnung.

Trotzdem: irgendwann am Nachmittag, als Resi mit ihren Eltern unser altes Haus verlassen hat, lümmle ich mich erleichtert in den Sessel. Genieße die Stille, eine andere Stille als die der Nacht und nicht ohne Geräusche: unser Obermieter geht schweren Schrittes im Zimmer hin und her – eigentümlich, daß ein so kleiner, zierlicher Mann einen so harten, stampfenden Schritt hat –, die Vögel zwitschern, die Straßenbahnen quietschen, Kinder lachen, aber niemand fordert etwas von mir, das tut gut. Das kommt meiner Bequemlichkeit entgegen. Das lehrt mich, mit der Rolle, die das Leben mir nun zugewiesen hat, höchst zufrieden zu sein. Großmutter – das bedeutet: dasein, wenn es notwendig ist, ein Rhythmus, der mir – so hoffe ich – bald ganz vertraut sein wird. Kein Wirbel im Mittelpunkt, sondern ein ruhender Pol am Rande, Großmutter ohne Strickstrumpf und aufgestecktes graues Haar und ewig verlegte Brille, vielmehr Großmutter mit Halbtagsberuf und einem kleinen Make-up und vielen Plänen! Trotzdem: Großmutter – und das heißt: da ist jemand, der sich gern vereinnahmen läßt, wenn ihm zwischendurch nur immer wieder einmal eine Atempause gegönnt wird!

Edith Biewend

Vom Rollerfahren und vom lieben Gott

Die Verkäuferin im Salzburger Spielwarengeschäft überkam eine stille Verzweiflung, als Hein Rüttger ihr seinen Wunsch vortrug. Sie sah sich vor eine unlösbare Aufgabe gestellt. Dieser stattliche ältere Mann verlangte einen Roller, der gleichermaßen für ihn selbst wie für ein dreijähriges Kind bestimmt sein sollte. »Für ein sehr kleines Kind«, wie er hinzufügte, indem er die flache Hand dicht über den Boden hielt. Zur weiteren Orientierung kramte er ein Kärtchen aus seiner Brieftasche und reichte es zur Einsichtnahme hin. »Meine letzte Wiegekarte, bitte!«

Ein Blick auf die abnorm hohe Kiloziffer brachte das junge Mädchen vollends aus der Fassung. Was stellte dieser Riese sich vor? Sie waren doch hier kein Fuhrunternehmen.

Ein männlicher Kollege wurde zu Rate gezogen, weil sie allein nicht weiter kam, und als auch dies nichts half, riefen sie den Geschäftsführer und beratschlagten zu viert. Die Auswahl in der Rollerabteilung war beachtlich, es gab die zweirädrigen

Dinger in verschiedenen Größen und Stärken. Der Verkäufer nahm eines heraus.

»Hier hätten wir ein besonders stabiles Stück für ältere Knaben – wenn Sie es probieren möchten, bitte!«

Hein Rüttger schüttelte den Kopf. »Zu hoch«, entschied er, »meine Enkelin könnte ja nicht einmal die Lenkstange fassen.«

Ein kleines hölzernes Gestell wurde aus der Reihe geholt, es schien massiv gebaut und war sehr niedrig. »Dies wäre ein Modell für eine Dreijährige.«

Unser Großvater stellte seinen Fuß darauf, der zum leichten Schrecken aller Anwesenden das ganze Trittbrett ausfüllte, und schrumpfte beim Griff nach der Lenkstange bis zur Unkenntlichkeit zusammen.

»Mein Herr!« rief er zornig und blitzte den Geschäftsführer unter seinen buschigen Augenbrauen an, »wollen Sie einen Wurzelsepp aus mir machen? Ich brauche einen Roller, auf dem ich meiner Enkelin zeigen kann, wie sie fahren soll.«

Ja, soo! Jetzt war man im Bilde, und warum er das denn nicht gleich gesagt habe? »Da wird der Herr halt beide Roller nehmen müssen, wenn's beliebt. Und wenn's, bitt' schön, dem Herrn nicht zu teuer ist.«

Für seine Enkelin war ihm kein Preis zu hoch. Hein Rüttger zahlte die Summe ohne Aufhebens.

Die Lösung stellte sich für ihn als das Ei des Kolumbus dar – er wäre von selbst nicht darauf verfallen.

»Und an welche Adresse dürfen wir die Sachen schicken?«

»Wieso schicken?« brummte er, »die nehme ich gleich mit, wie sie sind. Das Packpapier können sie sparen, man weiß sowieso nie, wohin damit.«

Während er, mit seiner Fracht den Ausgang blockierend, ins Freie trat, hatte er das unangenehme Gefühl, als starrten zahllose Augenpaare hinter ihm her. Der schwere, mit Metall beschlagene Roller »für ältere Knaben« hing über seiner linken Schulter, in der rechten Hand trug er das kleine Modell aus Holz. In dieser Aufmachung erweckte er den Eindruck, als begäbe er sich geradewegs zu einem Wettkampf für Rollerfahrer.

Gleich morgen – so nahm er sich vor – wollte er seine Enkelin in die Kunst des Rollerfahrens einweihen. Maresi war nämlich bei aller Feingliedrigkeit sehr ungelenk, weil keiner im Haus sich die Zeit nahm, mit ihr spazierenzugehen oder an einem Spielgerät zu üben, damit sie ihren Körper beherrschen lernte. Dazu war er, der Großvater, jetzt da; dafür würde er seine Urlaubstage in Salzburg nutzen. Die abschüssige Straße unmittelbar vor dem Haus eignete sich nicht gut für einen Lernbeginn.

Hein Rüttger erforschte das Gelände. Wo die Sackgasse zu Ende war, öffnete sich ein weitläufiger Park mit flachen festgetretenen Wegen. Das hohe Gittertor stand halb offen, man hätte ohne weiteres hindurchgehen können, wäre das einschüchternde Schild nicht gewesen: »Unbefugten ist der Zutritt strengstens untersagt.«

Eine Weile verhielten die beiden Sportler mit ihren Fahrzeugen davor, dann machte der Großvater Anstalten, sich über das Verbot hinwegzusetzen. Maresi hielt ihn erschrocken fest.

»Da dörfen wir nich hinein, Opa, da wohnen feine Leute.«

»Feine Leute! Was verstehst du darunter?«

Maresi überlegte. »Ein Baron oder ein Graf oder ein Först, hat Papi gesagt. Wir dörfen nich in seinen Park, sonst schimpft er.«

Opa wurde bockig. Leute, die sich mit Warntafeln, Fußangeln oder bissigen Hunden wichtig machten, konnte er nicht ausstehen, mochten sie gleich Grafen oder Fürsten sein. Vor bissigen Hunden fürchtete er sich nicht. Wenn ihn ein Hund anfletschte, pflegte er zurückzufletschen. Meist aber genügte schon der Anblick seiner kolossalen Höhe und Breite, damit ein Tier vor ihm die Flucht ergriff.

»Komm, Maresi, wir versuchen es trotzdem. Hab keine Angst – mit deinem Opa schimpft man nicht so leicht.«

Sie kamen unbehelligt hinein und blieben es; weit und breit war kein Mensch zu sehen.

»Und nun gib acht, Kind, ich mache dir's vor. Den rechten Fuß setzt man auf das Trittbrett, mit dem linken stößt man sich ab.«

Das stabile Modell für ältere Knaben erwies sich als belastbar, wenngleich für unseren Großvater doch etwas niedrig. Indes brauchte er seine Gestalt nicht zu der eines Wurzelmännchens herunterzuschrauben. Es genügte, den Rücken und die Knie zu krümmen – schon sauste er auf den großen Vollgummirädern davon, mit wehenden Haaren und flatternden Rockschößen. Vor dem Herrenhaus stieg er ab und wendete. Für eine rasante Kurve war der Parkweg zu schmal.

Das Haus, in Schönbrunner Gelb gestrichen, wirkte wie ausgestorben. Die grünen Jalousien hatte man allenthalben heruntergelassen. Der »Först« – oder was er schon war – befand sich anscheinend auf Reisen.

»Du kannst das aber fein!« lobte das Kind, als der Großvater sich ihm in vollem Tempo wieder näherte. »Maresi muß das auch mal versuchen.« Sie hatte durchaus begriffen, wie sie es anstellen mußte, aber die Kluft zwischen Theorie und Praxis zu schließen, wollte ihr nicht gelingen. Sie betätigte ihre beiden Füße in einer Weise, als hätte der eine mit dem anderen nichts zu tun. Entweder schob der Roller sich vorwärts, dann hinkte der Fuß am Erdboden nach; setzte sie den linken Fuß zuerst in

Bewegung, geriet der rechte mitsamt dem Roller hoffnungslos ins Hintertreffen.

Hein Rüttger fand seine trüben Ahnungen bestätigt. Seine kleine Maresi war steif und ungelenk, es wurde höchste Zeit, daß sie es lernte, ihre Gliedmaßen harmonisch zu gebrauchen.

Das gutwillige, jedoch erfolgslose Kind blickte bekümmert zu ihm auf. »Maresi schafft es nich alleine«, kam es verzagt. »Der Opa muß Maresi helfen. Der Opa muß den Roller festhalten.«

Sein Gesicht umwölkte sich. So etwas Ähnliches hatte er kommen sehen. Aber hier gab es kein Entrinnen: wer A sagt, muß auch B sagen.

Das größere Fahrzeug wurde beiseitegelegt, Hein Rüttger bekam es jetzt nur noch mit dem kleineren zu tun. Als er sich bückte, um Maresis Lenkstange zu halten, sah es aus, als klappte ein riesiges Taschenmesser zusammen. Aber so ging es wirklich, so ging es einfach fabelhaft! Der Opa schob den Roller, und Maresi brauchte sich lediglich auf ihren Fuß am Boden zu konzentrieren. Sie trabte und trabte, Zunge im Mundwinkel, Augen geradeaus. Zwischendurch juchzte sie im Vollgefühl ihrer Kräfte und in der vollendeten Einbildung, daß sie selbst es sei, die dieses Kunststück zustande bringe. Trab – trab – trab zum Herrenhaus, trab-trag-trab zurück zum Tor, wieder und wieder, denn das Kind war auf den Geschmack gekommen.

Bei der vierten Runde litt der Großvater bereits an Halluzinationen. Er fühlte sich wie in einer mittelalterlichen Folterkammer. Dort gab es ein infames Werkzeug, einen Eisenring, in welchen man Hände und Fußgelenke eines Sträflings gleichzeitig hineinpreßte. Krummschließen, nannte man das; er erinnerte sich gut.

»Noch einmal, Opa. Maresi kann es jetzt so dut. Maresi muß es bloß noch üben.«

Nach der fünften Runde hatte der krummgeschlossene Großvater es satt. Auch die Geduld eines sehr lieben Opas kennt Grenzen.

»Aufhören, Maresi! Für heute ist's genug. Dein Opa ist müde.«

Maresi sah ihn ungläubig an. »Duu bis müüüde!« Sie nahm ihm das nicht ab, ja sie begründete ihre Zweifel an seiner Behauptung sogar mit einigen umständlich vorgebrachten Beweisen. Wer war denn hier rollergefahren, er oder sie? Sie, Maresi, hatte den Roller angetrieben und war mit ihm losgebraust, der Opa hatte ihn doch »nur« festgehalten. Und jetzt wollte er müde sein? Unglaublich. Maresi ließ durchblicken, daß sie ihren Opa für faul hielt. Er hatte keine Lust mehr, das war's. Immer drückten sich diese Erwachsenen, wenn die Kinder spielen wollten. Die Mami, der Papi, die Tante Steffi – aus Maresis Argwohn sprachen leidige Erfahrungen.

Das dumme Mißverständnis schwelte noch zwischen ihnen, als sie sich, jeder seinen eigenen Roller schiebend, auf den kurzen Heimweg begaben. Das Kind schmollte, und der in jeder Hinsicht gebeugte Großvater beneidete die Parkbäume, die kerzengerade gen Himmel ragten. Er hätte das »Modell für ältere Knaben« lieber über seine Schulter gehängt als es neben sich her zu führen, aber seine Schulter schmerzten, als steckten Messer darin.

Um Maresi zu versöhnen und für die Enttäuschung zu entschädigen, versprach der Großvater ihr noch am gleichen Abend, mit ihr den Dom zu besichtigen. Sie war noch nicht im Dom gewesen, sei es, daß die Eltern keine Zeit gehabt, sei es, daß sie gefunden hatten, es habe damit noch Zeit. Der Großvater aber vermeinte, der kleinen Enkelin das Gotteshaus schon erklären zu können. Er wählte einen Tag mitten in der Woche.

Weil das Wetter gut war, machten sie einen kleinen Umweg durch die Parkanlage von Mirabell. Hein Rüttger, der sich eigentlich mit dem Park vertraut glaubte, verfiel aufs neue ins Staunen. Denn man muß ihn an einem Spätsommertag wie diesem durchschreiten, wenn erste Spinnwebfäden sich von einem Rosenstock zum anderen ziehen, wenn das Licht sich sanfter über Beete und Statuen ergießt und der Himmel dennoch einer glasklaren Kuppel gleich den Garten und das Schloß überwölbt – wie man da eine nie gekannte Leichtigkeit des eigenen Körpers erfährt, als löse er sich vom Boden und beginne zu schweben.

Hier sind die Dinge nicht einfach nur vorhanden, hier spielen sie mit und geben Antwort in einem heiteren Zwiegespräch zwischen Mensch und Natur. Wir finden den Garten Eden an jedem Platz, wo der Mensch die ihm verliehenen Gaben sinnreich entfaltet, wo er sich vom Schöpfer einfach nur das Werkzeug reichen läßt und ihm demütig an die Hand geht, nicht nach menschlichem, sondern nach göttlichem Plan.

Das Kind, das an seiner Seite dahintrippelt, manchmal auch ungeduldig hüpft, kann dies alles nicht empfinden, es ist sich selbst noch zu nah. Denn darin besteht die verschwiegene Gnade des Alterwerdens, mögen die körperlichen Kräfte auch nachlassen: daß man Abstand gewonnen und in die Scheuern gesammelt hat, Erlebnisse und Erfahrungen und die Fähigkeit, nicht immer überall weiterzuwollen, vielmehr stillezuhalten und einen Tag wie diesen zu genießen als ein unverdientes Geschenk.

Über die Salzachbrücke trug er die Enkelin auf den Armen, erst auf dem Domplatz stellte er sie wieder hin.

Glaube, Liebe, Hoffnung, und die Liebe ist die größte unter ihnen. Drei Tore führen in den Dom, und durch das mittlere und größte, das Tor der Liebe, treten sie ein. Den Torgriff schmücken die

Symbole des Liebesmahls, Ähre und Traube, Brot und Wein.

Im Innern umfing sie zunächst der Dämmerschatten des Langhauses, und Maresi ging auf Zehenspitzen an des Großvaters Hand durch den mittleren Gang, magisch angezogen von dem lichterfüllten Platz, dem sie zustrebten. Dort fielen die Sonnenstrahlen gebündelt durch die Kuppelfenster, eine Himmelsleiter in den Farben des Regenbogens. Vor solcher Höhe wurde Maresi noch kleiner, auch vor Ehrfurcht an diesem ungewohnten Ort. Sie bewunderte den aufrecht gehenden Großvater, dessen Kopf ihr ganz ferne schien, irgendwo da oben in der Nähe vom lieben Gott. Ihr wurde ein wenig bang.

»Maresi darf nich hinaufschaun, Maresi wird ganz schwindelig.«

Wieder nahm er sie auf den Arm. »Sprich leise, Kind!«

»Warum?« fragte sie flüsternd. »Schläft er denn jetzt, der liebe Gott?«

Gott – hatte sie gesagt, nicht »Dott«. Sein Ohr erfaßte beglückt auch den kleinsten Fortschritt in ihrer Entwicklung.

»Gott schläft nie, Maresi, er paßt immer auf die Menschen auf. Auch wenn du ganz allein bist und dich fürchtest, ist er in der Nähe und beschützt dich.«

»Und schläft nie, Opa, auch nicht in der Nacht?«

»Nein. Auch in der Nacht wacht er über uns.«

Darüber mußte Maresi erst einmal gründlich nachdenken. Dann kündigte sich auf ihrer Stirn die nächste Frage an. »Warum hat Gott ein so hohes Haus? Is er so dooß?«

»Ja, er ist sehr groß.«

»So dooß wie du, Opa?«

»Noch viel größer. Er ist so groß, daß kein Haus ihn fassen kann, auch dieser Dom nicht. Den haben die Menschen so hoch erbaut, damit sie sich immer daran erinnern, wie groß Gott ist. Aber er kann sich auch klein machen, so klein, daß er in dein Herz hineinpaßt. Das alles kann Gott und noch viel mehr.«

»Dann kann er auch rollerfahren?«

Diese Frage brachte den Hein Rüttger vorübergehend ins Wanken, doch glaubte er, sie nicht verneinen zu dürfen.

Abends ließ sich Maresi vom Großvater zu Bett bringen und sagte ihr gewohntes Nachtgebet auf. Im Anschluß sprach sie zu Gott noch ein paar persönliche Worte. »Lieber Gott, diese Nacht geh du mal ruhig schlafen. Du mußt doch schrecklich müde sein. Heute brauchs du auf Maresi nich aufzupassen, das macht ja der Opa.«

»Amen«, sagte der wachsame Opa in fröhlicher Ergriffenheit, küßte die Enkelin auf die Stirn und knipste die Nachttischlampe aus.

Ilse Schweizer

Plötzlich gab es viele Sitzplätze

»Ach sieh doch mal, die beiden alten, hinfälligen Leutchen da drüben. Das kann man doch nicht mit ansehen. Und die jungen und jüngeren Männer hier um uns flegeln sich auf ihren Stühlen«, flüsterte eine etwa sechzigjährige Blondine ihrer wohl gleichaltrigen Begleiterin zu.

»Ja, ja, das ist eine Welt heutzutage«, seufzt die Angesprochene kopfschüttelnd. »Sie haben eben keine Erziehung genossen. Antiautoritär, das war die Masche. Und das sind nun die Früchte. Herzlosigkeit, vielleicht auch nur Gedankenlosigkeit«, fügte sie achselzuckend hinzu.

Frau Heller, grauhaarig und mindestens zehn Jahre älter, saß neben den beiden.

Auch sie wartete in der Flughafenhalle auf das Kontrollpersonal, das sich aus irgendeinem Grund zu verspäten schien. Ihr tat das hochbetagte Ehepaar, das sich kaum noch auf den Füßen halten konnte, auch sehr leid.

Und sie schaute in die Runde der Jüngeren, ob sich niemand dieser beiden alten Menschen erbarmte. Sicher hatte mancher junge Geschäftsmann einen langen, harten Arbeitstag hinter sich und wartete, froh darüber, endlich sitzen zu können, auf den abendlichen Heimflug.

Dennoch, so konnte es nicht bleiben. Sie konnte die beiden hinfälligen, sich aneinander festhaltenden Alterchen nicht so stehenlassen. Doch ganz abgesehen davon, daß ihr Anblick sie rührte, dachte sie: »Eigentlich sollte man in diesem Alter nicht mehr reisen. Man sollte zu Hause bleiben.«

Sie gab sich einen Ruck, stand auf, ging zu den beiden hin und fragte die Ermüdete: »Wollen Sie sich setzen?«

Zwei dankbare Augen leuchteten auf. »Ja, sehr gern«, erwiderte die Angesprochene, und sie humpelte am Arm ihres Mannes zum freigewordenen Stuhl.

Was heißt hier freigewordenen Stuhl? Plötzlich gab es nämlich viele Sitzplätze. Wie auf ein Kommando waren all die jungen Leute ringsum aufgesprungen.

»Einer muß Vorbild sein«, dachte Frau Heller, und das Bewußtsein ihres nachahmenswerten Verhaltens tat ihr gut.

Im Flugzeug hatte dann aber auch sie noch einen Grund, ein wenig beschämt zu sein, nämlich wegen ihres Gedankens: So alte Leute sollten zu Hause bleiben. Denn wie sie mitbekam, reisten die beiden zu ihrem sterbenskranken Sohn.

Georges Kempf

Sein erstes Gedicht

Man feierte die »Goldene Brezel« des Lyrikers und Novellisten. Einer der Freunde fragte: »Wann hast du zu dichten angefangen?«

»Oh, das begann mit einem Mißgeschick.«

»Erzähl doch!«

Er zögerte: »Die Damen könnten es unappetitlich finden.«

Die Damen protestierten: »Wofür hältst du uns? Nun erst recht mußt du erzählen.«

Und der Preisträger erzählte:

Mein erstes Gedicht – jedenfalls das erste, an das ich mich erinnere – ist unvergeßlich.

Ich war noch ein Schulbub und während der großen Sommerferien der Hütebub, der jeden Tag unsere kleine Kuhherde auf die Allmend zu begleiten hatte; bei kühlem Wetter am Nachmittag; wenn es sehr heiß war, erst abends nach dem Melken, manchmal bis Mitternacht. Die Hundstage im August waren sehr heiß.

An jenem Abend hatte ich beschlossen, so lange draußen zu bleiben, bis die Tiere von selbst den Heimweg antraten. Einstweilen weideten sie fleißig auf dem Steggelmattköpfle. Es war eine helle Vollmondnacht. Vom Köpfle aus hat man das ganze Kleintal vor sich: die rechte Talseite schroff aufsteigend, die linke sanfter mit hellen Häusergruppen zwischen den Matten. Unten im Dorf waren die Lichter schon erloschen. Weit draußen, wo Münster zu vermuten war, blinkte da und dort noch eines. Dahinter, von einem blassen Sternenhimmel undeutlich begrenzt, lagerte die dunkle Bergkette von der Schwarzburg bis Kahlenwasen. Und das alles in ein unwahrscheinliches Mondlicht getaucht: man ahnt die Stimmung des Zwölfjährigen.

Die Kuhglöckchen bimmelten. Ich dachte an die Schweizer Mädchen Liesi und Vreni, die helle und die dunkle. Gestern waren sie abgereist. Nach Binningen bei Basel. Sie waren jünger als ich und schwätzten komisch, ähnlich wie die Mülhauser Verwandten, aber doch wieder anders, überall hing ein »i« dran: Grüezi, Meitli und Müesli, Mattli und Bächli.

Vier Wochen waren sie bei ihrer Tante, der Lehrerin, in der Berghütte gewesen. Nicht ganz in Ferien: Liesi, die in der Schule Mühe hatte, bekam jeden Tag zwei Nachhilfestunden, und Vreni, die jüngere, die dunkle, lebhafte, leistete ihr Gesellschaft. Aber wenn ich mit meiner Herde an der Hütte vorbeikam, wurden sie freigelassen. Dann leisteten sie mir Gesellschaft. Für zwei Stunden. Länger nicht, das war strenge Hausordnung. Von der Weide aus konnte man zwar nur mit ungewöhnlich scharfen Augen die Zeit an der Kirchturmuhr erkennen, und nur solange die Kühe nicht zu weit zogen, aber schlagen hörte man es überall. Und von der Abendweide mußten sie spätestens bei Anbruch der Dunkelheit zurück sein. Sie schwatzten unaufhörlich, erzählten Wunderdinge von ihren Reisen. Ihr Vater war Bahnbeamter, sie reisten umsonst. Ich schüchterner Bergfuchs hörte zu und staunte.

Aber einmal war ich der Held. Ich habe sie gerettet. Der Nachmittag war kühl, der Himmel bedeckt. Ich zögerte bei der Hütte so lange wie möglich; die Glöcklein bimmelten, aber sie kamen nicht. Vielleicht hatte die Tante Hausarrest verordnet, oder das Wetter war nicht schön genug.

Die Kühe drängten weiter, sie drängten heute besonders. Am gewohnten Sandrain wollten sie nicht bleiben. Zwischen dem Sandrain und dem Steggelmattköpfle gab es einen engen Durchgang: nach oben die eingezäunten Matten, nach unten im steil abfallenden Berg die tiefe Wunde eines verlassenen Steinbruchs, dazwischen ein schmaler Weg, der hier im spitzen Winkel rechts abbog, um dann in weitem Bogen um das Köpfle herumzuführen. In dem so gebildeten Dreieck lag der Steinbruch, gefährlich ungeschützt, von oben hinter jungen Birken und Brombeerhecken nicht erkennbar, von unten, wo eine alte Kipplore auf ein paar Meter

Schienen sich noch hin und her bewegen ließ, anzusehen wie eine wilde Felsschlucht mit einem lustigen kleinen Wasserfall.

Die Kühe hatten sich durch den Winkel gedrängt. In meinem Trüpplein herrschte Demokratie. Wo die Mehrheit hinzog, zog der Hirte mit, außer, natürlich, wenn es in verbotenes Gelände ging. Auf dem Köpfle wollten sie diesmal auch nicht bleiben, sie drängten hinunter in das Gebüsch. Hier unten war der offene Zugang zum Steinbruch. Ich besichtigte die Lore, probierte, ob man vielleicht das Geleise noch ein Stückchen weiter benutzen könnte.

Mit den Mädchen und einem Ziegenhirten aus dem Oberdorf hatten wir da schon Eisenbahn gespielt.

Da hörte ich sie rufen und gleich darauf lautes Weinen und Wimmern. Ich stolperte über eine Geröllhalde. Jetzt sah ich sie. Oben auf halber Höhe. In ihren hellen Sommerkleidchen, mit fast nichts an. Kein Zweifel, die waren durchgebrannt! Wie zwei große Vögel nahmen sie sich aus, die sich im Gestrüpp verfangen haben. O diese dummen Stadtgänschen! Hatten wohl durch das Dreieck abkürzen wollen und waren abgerutscht. Zum Glück hatte die Brombeerhecke ihre Rutschpartie abgebremst. Jetzt erst verspürte ich den Schreck: Gleich unterhalb der Brombeeren ging es senkrecht in die Tiefe.

»Rührt euch nicht!« schrie ich hinauf. »Ich komme!«

Es war gar nicht einfach gewesen. Auf dem weiten Umweg, bis ich mit den zwei Mädchen wieder bei der Lore anlangte, hatten wir Ängste ausgestanden. Alle drei. Jedesmal, wenn ich in den folgenden Tagen an die gefährlichen Stellen dachte, spürte ich noch einmal das Herzklopfen. Meines und ihres. Denn da war noch ein anderes, ein süßes, bislang unbekanntes Gefühl, sobald ich mir wieder vorstellte, wie die beiden Klammeräffchen an mir hingen, wenn es neben uns plötzlich steil in die Tiefe ging. Und die Samthaut und die weichen Mädchenkörper! Aber daß sie nachher überhaupt keine Dankbarkeit zeigten . . ., ein bißchen Enttäuschung war auch dabei. Und daß man von dem Abenteuer niemand erzählen durfte! Denn das war hoch und heilig versprochen. Geschworen, wie man schwörte in der Schweiz. Wie sie der Tante Lehrerin die zerkratzten Beine erklärten, erfuhr ich nicht.

Nun ist der Umweg lang geworden. Ich wollte doch von der Mondnacht auf dem Steggelmattköpfle und von meinem ersten Gedicht erzählen.

Das war so: Seit dem Abenteuer stand bei mir fest, daß ich in absehbarer Zukunft heiraten würde. Welche? Am liebsten natürlich alle beide. Aber das ging ja nicht. Also welche von den beiden? Liesi, die helle, anschmiegsame, geduldige? Sie war ja auch älter und paßte besser zu mir. Oder doch Vreni, die freche, die rundliche? Ich schwankte in meiner Wahl, jeden Tag anders entscheidend. Aber seit gestern stand die Wahl fest.

Gestern waren sie abgereist. Ich durfte ihnen mit der Handkarre das Gepäck zur Bushaltestelle fahren. Als der Bus kam, waren die Mädchen gleich drin, ohne Abschied, während der Fahrer das Gepäck verstaute und die Tante noch mit ihm verhandelte. Vreni fand sofort einen Fensterplatz; Liesi setzte sich brav an die Gangseite. Vreni drückte ihr Stupsnäschen gegen die Fensterscheibe. Die haselnußbraunen Augen lachten. Sie legte ihr Händchen auf den Mund – nein, nicht Erinnerung an den feierlichen Schwur: Kußhändchen an die kühle Scheibe. Das Knabenherz tat einen Sprung.

Der Bus stieß eine schwarze Rauchwolke aus, fuhr an und fuhr davon. Der Knabe stand wie angewurzelt. Er winkte nicht. Aber die Entscheidung war gefallen. Für immer!

Und nun die Mondscheinnacht auf dem Steggelmattköpfle. Die Glöcklein bimmelten. Der Wasserfall plätscherte. Dort unten war es. Ich beschloß, für Vreni ein Gedicht zu machen. Eine leichte Wolke streifte die Mondscheibe. Der Schatten glitt an der linken Talseite entlang. Da war es auch schon, das Gedicht:

»Ein Wölkchen hat den Mond geküßt,
der Mond verzauberte das Tal.«

Was reimt sich auf »geküßt«? Mit »üßt« fand ich nichts, aber vielleicht mit »i« – ist, frißt, Mist... vermißt! »Ich hab dich sehr vermißt.« Ach nein. Oder: »Vreni fortgezogen ist?« – Doch nicht so plump. Und nicht gleich Vreni hineinbringen. Aber jetzt hatte ichs:

»Das Wölkchen fortgezogen ist,
o Wölklein, komm doch noch einmal.«

Prima! Nun weiter. Das ist auch schon das nächste Reimpaar:

»Glöcklein läuten um mich her,
o Mond, du großer Zauberer,
verzauberest auch mich....«

Ob das ging? Jedenfalls braucht es noch einen Reim auf »mich«. Zwischen Glöcklein und Mond muß er kommen: ich, dich, sich, Stich, fürchterlich? »Es schmerzt mich fürchterlich, ich fühl in meinem Herz den Stich?« Taugte alles nicht. Ich setzte mich, um besser dichten zu können. Ob das überhaupt ging mit dem »Zauberer«? Ich probierte dies, probierte das, es reimte nicht. Dichten ist eine schwere Kunst. Ein Schluß mußte auch noch dran.

»Vreni« sollte nicht gleich hineinkommen, aber irgendwie merken mußte man, daß sie gemeint ist. Noch einmal von vorn:

»Wölklein hat den Mond geküßt;
Mond verzauberte das Tal.
Wölklein, husch, vorüber ist;
Wölklein, komm doch . . .«

Nein, das »komm doch« braucht man auch nicht; einfach: »Wölklein, Wölklein, nocheinmal!«

Au! Jetzt ist es gut. Jetzt gleich aufschreiben. Der Mond war hell genug. In meiner linken Hosentasche war noch das Papier, in das Mutter den Wecken gewickelt hatte, in der rechten der Bleistiftstummel. Ich mußte mich bewegen, um in die Taschen der engen Bubenhose zu gelangen. Aber was war denn da so weich unter mir? O Schreck! Da hatte doch die Bleß, diese blöde Kuh, die vorhin hier geweidet hatte . . ., und ich, in mein Gedicht versunken . . . mitten hineingesetzt!

Ja. So jählings wird ein Dichter von der rauhen Wirklichkeit eingeholt. Und eben aus solchem Grunde blieb denn auch – o Mond, du großer Zauberer – mein erstes, unvergeßliches Gedicht . . . das Unvollendete.

Zenta Braun

Großmutters Leben

Im Nachlaß meiner Mutter fand ich ein Bild von Großmutter, und meine Gedanken wanderten zurück in jene Zeit, als Großmutter noch lebte. Ich habe sie leider nur selten gesehen, denn sie wohnte in einem winzigen Dorf in Bayern. Es gab keinen Bahnanschluß. Nur eine kleine Straße, eigentlich mehr ein Feldweg, verband diesen Ort mit seiner Umgebung.

Meine Mutter erzählte mir oft von Großmutter. Jene war 1870 geboren und hatte sehr jung geheiratet. Großmutter schenkte zwölf Kindern das Leben. Weil zu dieser Zeit große Armut herrschte, zog Großvater mit seiner jungen Frau und der großen Kinderschar aus dem Böhmerwald ins Bayerische. Dort fand er Arbeit in einer Glashütte. Doch der Lohn war gering, und es machte Mühe, alle satt zu kriegen.

Großmutter muß eine stattliche Frau gewesen sein, auf dem Bild, das ich habe, sieht man es noch ein wenig, obwohl sie damals schon in der Nähe der 60iger gewesen sein muß. Vier ihrer Kinder starben. Großmutter blieben noch vier Söhne und vier Töchter.

Nach dem frühen Tod ihres Mannes stand Großmutter alleine da und mußte für ihre große Familie sorgen. Da sie aus einer Händlerfamilie stammte, kam sie auf die Idee, Händlerin zu werden. Die Dörfer in der Umgebung ihres Ortes lagen alle verstreut in kleinen Tälern und auf größeren Hügeln. Kleine Bauernhöfe und Hütten, in denen die Landarbeiter oder Arbeiter der Glashütte wohnten. Selten waren große Bauernhöfe.

Großmutter kaufte sich eine Kiepe. Man kann es auch einen Tragkorb für den Rücken nennen. In diesen Korb packte Großmutter ihre Waren (meist Kurzwaren, wie Nähzeug, auch Seife, kleine Tücher und ähnliches). Mit dem Korb auf dem Rücken ging Großmutter über das Land. Kam Großmutter müde nach Hause, warteten die hungrigen Kinder. Nicht jeder Tag war gleich gut, oft waren die Einnahmen schlecht. Da gab es dann nur eine sogenannte Brennsuppe aus gestampften Kartoffeln.

Die Winter waren streng und schneereich. Dann blieb Großmutter zu Hause, und die Stube wurde gut geheizt. Das Holz mußten die großen Kinder den Sommer über aus den umliegenden Wäldern heimtragen. Oft genug fanden sie nur dünne Reiser. Doch wenn das Feuer in dem eisernen Ofen prasselte, war es richtig gemütlich. Großmutter strickte Strümpfe aus dicker Wolle. Auch die größeren Mädchen klapperten mit ihren Stricknadeln, dazu sangen sie Kirchenlieder. In den strengen Wintertagen konnte man an Sonntagen die Kirche im etliche Kilometer entfernten Nachbardorf nicht erreichen.

Großmutter liebte ihren Kleinhandel, brachte er ihr doch auch Kontakte zu anderen. Ihre Kunden hatten Großmutter immer etwas an Neuigkeiten zu berichten, und Großmutter erfuhr nach und nach ganze Familienchroniken. Taufen, Hochzeiten und sonstige Familienfeste brachten ihr etwas bessere Geschäfte.

Dann kam die Zeit, wo Großmutters Füße Wanderungen nicht mehr erlaubten und sie ihr Geschäft aufgeben mußte. Da brach der zweite Weltkrieg aus, und die Söhne mußten in den Krieg. Die Schwiegertöchter – von eigenen Sorgen geplagt – kümmerten sich wenig um die alte Frau. Die Töchter waren zu weit entfernt und kamen auch nur selten. Großmutter klagte nicht, doch sie litt unter der Einsamkeit. Ihre einzige Freude waren ihre Enkelkinder.

Mitten im Krieg wagte ich die Reise und besuchte Großmutter. Auf einer kleinen Bahnstation mußte ich aussteigen, dann ging ich etwa zwei Stunden zu Fuß durch den Wald. Hochsommerlich standen schon die Getreidefelder, ich ließ meine Hand durch die vollen Ähren gleiten. Mitten im Krieg erschien es mir wie eine Welt des Friedens. Der Wald bestand aus hohen schlanken Fichten, sie gaben mir Schatten. Ich näherte mich dem Fluß und sah eine Brücke. Endlich hatte ich es geschafft.

Dort war auch das rote Backsteinhaus, wie Mutter es mir beschrieben hatte. Großmutter stand schon wartend in der Tür. Um sie lärmte eine kleine Schar von Kindern, ihre Enkel. Wir hatten uns viel zu erzählen, denn schon am nächsten Tag mußte ich zurück.

Nur wenige Monate später starb Großmutter. Ich war froh, daß ich sie wenigstens noch einmal gesehen hatte. Wie mutig sie ihr schweres Leben gemeistert hatte, hat ihr leider nie jemand gesagt. Aber sie hat es wahrscheinlich auch nicht erwartet.

M. A. Misevicius

Die Geduld

Ein Mensch mußte jeden Tag, den Gott ihm schenkte, an einem Kreuze vorbeigehen. Und jedesmal erhob dieser Mensch seine Augen zum Kreuze und schaute in das bekümmerte und leidende Gesicht Christi, das so voller Trauer war. Er seufzte aus der Tiefe seines Herzens und ging weiter, während er sich in seinen Gedanken tröstete: »O du mein Gott, was bedeutet denn meine eigene kleine Not gegen deine große Qual?«

So ging er tagtäglich zweimal am Kreuz vorbei, einmal auf seinem Hinweg und das andere Mal auf seinem Rückweg, und immer richtete er seinen Blick auf den Gekreuzigten, der dort hing.

Einmal blieb er stehen und schaute so lange in das Gesicht Christi, bis eine tiefe Reue sein Herz schmerzhaft zusammenzog und er in die Worte ausbrach: »O Herr, wie weh tut mir mein armes, irdisches Herz, wenn ich so auf dich blicke. Wenn ich doch etwas für dich tun könnte, wenn ich dich wenigstens für eine Stunde dort oben ablösen könnte!«

Kaum hatte er dies gesprochen, da verwandelte sich das Gesicht Christi. Nicht mehr Schmerz und

Leiden zeigte es, sondern ein Lächeln voller Freude und Erbarmung und Güte. Und wie von ferne tönte seine Stimme: »Gut, es sei so, wie du willst. Ich steige vom Kreuze herab, und du – du sollst meinen Platz einnehmen. Versuche es, doch ich rate dir zur Geduld! Du wirst Dinge zu sehen bekommen, wie du sie nie zuvor gesehen hast, aber du darfst kein einziges Wörtlein sprechen, nur schweigen.«

»Ich werde dir in allem gehorsam sein, o Herr!« erwiderte der Mensch.

In demselben Augenblick, da er diese Worte ausgesprochen hatte, fühlte er sich auch schon ans Kreuz geschlagen, er wußte nicht, wie, und Christus war verschwunden, als wäre er nie dagewesen ...

Es hängt und hängt der Mensch am Kreuz, und unter ihm gehen und fahren viele Menschen ihres Weges. Die einen scheinen froh und zufrieden, die andern aber können kaum ihre Füße vorwärts schleppen, so unendlich schwer müssen sie an der Last ihres Lebens tragen. Die einen erheben glücklich ihre strahlenden Augen zum Gekreuzigten, wenn sie vorüberkommen und danken ihm für seine Wohltaten, die anderen wanken und schwanken unter ihrer Bürde und stoßen nur schwere Seufzer aus, sobald sie sich ihm nähern.

Der Mensch am Kreuz hängt und schweigt. Da geschieht es, daß ein Wanderer, der unterm Kreuz gebetet hat, seinen Beutel mit Geld dort vergißt und liegen läßt. Der Mensch sieht es und will im gleichen Augenblick den Mund öffnen, um ihm nachzurufen, doch da gedenkt er der Warnung Christi, preßt die Lippen zusammen und verschluckt die Worte.

Nun kommt ein Reisender daher, pfeifend und seines Lebens froh. Er setzt sich ein wenig am Fuße des Kreuzes nieder und hält Rast. Gedankenlos schaut er umher und bemerkt plötzlich den vergessenen Beutel. Rasch nimmt er das Geld an sich, blickt in alle Richtungen, ob niemand ihn beobachtet hat, und stürzt auf dem Wege davon, den er gekommen war.

Schon will der Mensch am Kreuz ihm zurufen, wem das Geld eigentlich gehört, doch er erinnert sich der Worte Christi und schweigt.

Schließlich findet er seine Ruhe wieder und senkt seine Augen wie vordem auf den Weg. Nun kommt eine junge Frau eilig zum Kreuz, die Arme voller Blumen. Sie besteckt das ganze Kreuz mit den herrlich duftenden Blumen, fällt auf die Knie und dankt Gott mit Freudentränen in den Augen für das Glück, das er ihr gewährt hat.

Während sie noch kniet und betet, kommt der erste Wanderer, der seinen Beutel mit Geld hier vergaß, atemlos zurückgelaufen. Um das ganze Kreuz herum sucht er den Boden ab und wendet sich dann schließlich zu der betenden jungen Frau:

»Genug mit Beten! Verstelle dich nicht und gib mir schnell das gestohlene Geld zurück!«

»Welches Geld denn?« fragt die Frau erstaunt, ihre Gedanken sind noch ganz im Gebet gefangen.

»Mein eigenes, meinen Beutel mit Geld, den habe ich vor einem kurzen Weilchen hier liegen lassen!«

»Ich habe kein Geld gesehen«, sagt die Frau betroffen.

»Na, und wohin soll es denn verschwunden sein, he?«

»Ich weiß es doch nicht, bei Christi Namen!«

Der Wanderer lacht höhnisch: »Wenn du es nicht genommen haben willst, vielleicht ist Christus selbst vom Kreuz gestiegen und hat es genommen? Außer dir war doch keine Menschenseele hier!«

Der Mensch am Kreuz hört alle diese harten Worte und kann nichts sagen und leidet so, daß er sich auf die Zunge beißen muß.

»Ich weiß von nichts, ich habe nichts gesehen und genommen, so wahr ich Gott liebe!« ruft die Frau verzweifelt.

»Ah, so eine bist du! Wenn du immer weiter lügst, so werde ich dich mit Gewalt zwingen, das Geld herauszurücken!« Und der Wanderer fällt über die erschrockene junge Frau her und verprügelt sie mit seinen harten Fäusten.

Da verliert der Mensch am Kreuz seine Geduld. »Diese Frau ist unschuldig! Was tust du da! Dein Geld hat irgend ein Reisender, der des Weges kam, genommen, er ist dorthin gelaufen – in der Richtung des großen Waldes!«

Ohne darauf zu achten, woher die Stimme kam, sprang der Wanderer sofort davon, um den Reisenden zu verfolgen, der seinen Beutel mit Geld gefunden hatte. Die Frau aber, die vor Staunen ein Kreuz nach dem anderen schlug, dankte aus vollem Herzen für ihre wunderbare Rettung, sprach noch ein Gebet und eilte weiter . . .

»Was herrscht doch für eine Ungerechtigkeit in dieser Welt«, seufzte der Mensch am Kreuz. Er glaubte in seinem Herzen, daß er nun eine gute Tat begangen hätte, doch riesengroß wuchs auf einmal vor seinen Menschenaugen die Gestalt Christi, bis in den Himmel empor, und Christus sprach streng zu ihm: »Verlasse dies Kreuz wieder! Du bist seiner nicht würdig: Du hast keine Geduld, um das Leiden auf dich zu nehmen. Ich habe dir befohlen, daß du zu allem schweigen sollst, und was hast du getan? Kaum ist eine kurze Zeit vergangen, so hast du schon gesprochen!«

»O Herr, wie konnte ich denn zu einer solchen Ungerechtigkeit schweigen? Wie konnte ich sie mitansehen, ohne ein Wort zu sagen?«

»Das kannst du nicht verstehen. Es war notwendig, daß der eine sein Geld verlor und daß der andere es fand und daß der dritte deshalb leiden mußte.«

»Aber warum denn, o Herr?«

»Es ist alles so bestimmt: Der erste, der sein Geld verlor, kann nun nicht sündigen. Der zweite, der es fand, wird es für einen guten Zweck hergeben. Und die glückliche Frau, die dafür leiden mußte, hat nun erfahren, daß nicht alle auf dieser Welt glücklich sein können.«

»Das verstehe ich nicht, du guter Gott im Himmel!«

»Du kannst es nicht begreifen, weil dein kleiner Menschenverstand viel zu schwach ist und weil du keine Geduld hast«, sagte der Herr schon wieder vom Kreuz herab, und sein Gesicht verdüsterte sich wie vordem in tiefer Qual und Sorge. Und immer schaut Christus mit seinen gütigen Augen vom Kreuz auf den Weg, den die irrenden Menschen gehen, er sieht alles und trägt alles und leidet alles geduldig . . .

Christel Looks-Theile

Das Leid überwinden

Man bat mich, die Leitung eines Frauenkreis-Ausfluges durch unser Kreisgebiet zu übernehmen. Das tat ich gern, denn ich kannte die zumeist älteren Mitglieder dieses Handarbeitskreises. Seit fast zehn Jahren arbeiteten sie an jedem zweiten Mittwoch für den Basar unserer Kirchengemeinde. Der Erlös war immer für die Not in der Dritten Welt bestimmt.

Unterwegs kamen wir auf diesem Ausflug in Zeitdruck, mein Plan ging nicht ganz auf. Man sah eine Kapelle und wollte dort eine Andacht halten. Der Busfahrer besorgte den Kapellenschlüssel. Wir wurden sofort von einem etwa zwei Meter breiten Altarbild angesprochen, einem Bildteppich nach dem Abendmahlsmotiv von Leonardo da Vinci. Eine immense Arbeit! Und dann erfuhr ich, daß die Schöpferin dieses Teppichs unter uns weilte, das heißt unserem Handarbeitskreis angehörte. Ich kannte sie nur dem Namen nach und hatte noch nie davon gehört, daß sie das Altarbild geknüpft hatte.

Ich war fasziniert, fotografierte das Bild und sprach die Frau später während des Mittagessens darauf an, als sie zufällig neben mir saß. Vor sieben Jahren hatte sie den Bildteppich in mühevoller Kleinarbeit geknüpft. Sie war damals nach dem Tod ihres Ehemannes regelrecht verzweifelt gewesen und konnte nicht mehr zur inneren Ruhe kommen. Da sah sie in einem Wollfachgeschäft die Knüpfvorlage und kaufte sie.

Während der vielen Stunden ihrer Arbeit beschäftigte sie sich auch gedanklich mit dem Geschehen um das Abendmahlsbild. Sie sah plötzlich wieder einen Weg und einen Sinn in ihrem Leben, ja, sie besiegte durch die Stille ihre Unruhe und fand ihren Frieden wieder. Ihr abgrundtiefer Schmerz war bewältigt. Als sie gebeten wurde, »Das letzte Mahl Jesu mit seinen Jüngern« zur Ausschmückung des Altarraums dieser Kapelle zur Verfügung zu stellen, schenkte sie es der Kirchengemeinde.

Nun sah sie es nach langer Zeit zum ersten Mal wieder und war selbst bewegt. Ich schenkte ihr nach Tagen eine stark vergrößerte Aufnahme davon. Auf die Rückseite schrieb ich: »Dieses Bild weiß von einem Leid, das besiegt wurde.«

Ilse Schweizer

Man muß nicht so allein sein

Frau Krügel und Frau Schreiber, die sich längere Zeit nicht mehr gesehen haben, treffen sich eines Sonntagnachmittags im Café. Beide sind Ende Sechzig, beide verwitwet und beide noch sehr vital und gutaussehend.

Die Wiedersehensfreude ist groß, und bald sitzen sie in einer gemütlichen Ecke und plaudern. »Wie geht es Ihnen, Frau Schreiber?« fragt Frau Krügel. Das Gesicht von Frau Schreiber nimmt einen betrübten Ausdruck an.

»Wie soll es gehen? Man lebt eben so in den Tag hinein. Freilich, ich kann nicht klagen, finanziell geht es mir gut. Aber sonst – dieses Alleinsein ist kein Leben. Früher, als mein Mann noch lebte, war das anders, man hatte Pflichten und wußte, für wen man da war. Jetzt erscheint mir mein Leben oft recht sinnlos. Aber was rede ich da. Sie stecken ja in den gleichen Schuhen. Oder etwa nicht?«

»Oh, mir geht es recht gut«, sagte Frau Krügel, »ich habe viel zu tun.«

Frau Schreiber sieht ihr Gegenüber erstaunt an. »Sie arbeiten . . .?«

»Ja, ich helfe in der Gemeinde.«

»In der Gemeinde?«

»Ja, ich springe immer ein, wenn eine Familienmutter ausfällt. Sei es durch Krankheit, sei es, daß ein Baby auf die Welt kommen soll.«

Frau Schreiber, die gerade ihre Kaffeetasse zum Munde führen will, stellt diese zurück und fragt: »Haben Sie denn das nötig? Soviel ich weiß, erhalten Sie doch eine ganz hübsche Pension?«

Frau Krügel lächelt: »Ja, die bekomme ich. Aber Geld allein genügt mir eben nicht. Ich fühle mich noch gesund und frisch; nein, so einfach lasse ich mich nicht völlig in den Hintergrund drängen.«

Die Augen von Frau Schreiber werden immer erstaunter.

Frau Krügel lächelt: »Es ist auch ein wenig Egoismus dabei«, sagt sie. »Seit ich so auf diese Weise arbeite, habe ich so viel Freunde, so viele Kinder gewonnen, daß ich sonntags oft wirklich nicht weiß, wen ich zuerst besuchen soll.«

Hans Bahrs

Tante Hanni

Tante Hanni wurde kürzlich 80 Jahre »jung«, und ich meine, bei ihr kann man nicht vom Alter sprechen. Warum bin ich ihr nur so selten begegnet, obwohl sie nur etwa 100 km von uns entfernt wohnt, nun in dem kleinen Gartenhaus hinter ihrem denkmalgeschützten, reetgedeckten Elternhaus, das sich hinter Bremens Westerdeich duckt?

Als vor fünf Jahren Tante Hannis Mann gestorben war und sie von den Kindern ihrer hiesigen Freunde eingeladen wurde, während einer längeren Auslandsreise der Eltern als »Ersatzomi« die Betreuung von fünf schulpflichtigen Kindern zu übernehmen, hat sie uns zusammen mit diesen Rangen zuletzt in Hamburg besucht. Wir alle waren fasziniert von ihrem Temperament und dem Humor, wie sie couragiert ihre Aufgabe meisterte und bewunderten ihren flotten Gang, als wir sie Stunden später zum Bus begleiteten. Nach ihrem Alter zu fragen, war mir damals nicht in den Sinn gekommen. »Bei euch helfe ich auch gern aus, wenn es mal nötig ist!« versicherte Tante Hanni beim Abschied.

Nun war diese Situation eingetreten. Meine Frau und ich wollten so gern einmal zwei Wochen ausspannen, aber wir wußten nicht, wem wir meine inzwischen 83jährige, auf den Rollstuhl angewiesene Mutter anvertrauen sollten. Da fiel mir die rüstige Tante Hanni ein, und ihre Hilfe wollte auch unsere Omi akzeptieren. Da wir lange nichts voneinander gehört hatten, rief ich einen ihrer Söhne an. »Wie es unserer Mutter geht?« wiederholte er. »Na, gut natürlich! Sie steht wie eine Eins!« Ich deutete mein Anliegen an. Sofort zerstreute er meine Bedenken: »Sprich nur morgen selbst einmal mit Mutter!« Das geschah.

Ja, und dann standen meine Frau und ich in Bremen am Westerdeich, und an der schmucken, weißlackierten Gartenpforte erwartete uns Tante Hanni, führte uns an wohlbestellten Gemüsebeeten zu ihrem kleinen Domizil und bat uns an ihren »Freilufttisch«.

Der Koffer stand schon bereit. Nur der Kaffee sollte noch gekocht werden, um uns aufzumöbeln.

Tante Hanni trug ein lichtgrünes Kleid. Flott sah sie aus, war schlank und rank. Das wettergebräunte Gesicht hob sich gesund ab von den silberweißen Locken. Wir nahmen Platz, und schon beim Kaffeetrinken ließ die Tante ihre Döntjes vom Stapel. Aus den wasserhellen Augen lugte der Schelm. »Die ist goldrichtig für unsere Omi!« meinte nun auch meine Frau, die wegen Tante Hannis Alter doch Bedenken geäußert hatte.

Kurz darauf saßen wir im Wagen, und die resolute Dame lotste uns durch die verkehrs-reiche Stadt. »Du bist ja prima orientiert, könntest womöglich noch einen Führerschein machen!«

»Du Kücken!« prustete da die Tante los, »den habe ich doch schon seit mehr als 50 Jahren! Nur das Auto dazu ist mir wegen Geldmangel abhanden gekommen. – Na, macht nichts! Mit dem Fahrrad komme ich auch wohin. Und das verpestet nicht die Luft!«

»Du fährst mit dem Fahrrad durch Bremen?«

»Warum nicht? Ich kann doch nicht alles zu Fuß ablaufen!«

Meine Mutter hatte am Motorgeräusch das Einparken unseres Wagens vernommen und war mit ihrem Rollstuhl vom Fensterplatz weg bis in die Mitte der Stube gefahren.

»Prima, Lisbeth! Da bin ich ja fast überflüssig!« begrüßte Tante Hanni ihre Cousine. Kein Wort des Bedauerns, kein falsches Mitleid, das so leicht verletzen kann.

Tante Hanni bezog das Zimmer unseres Sohnes, der auswärts studiert. »Hier habe ich Platz genug!« sagte sie, als ich ihren Koffer abstellte, machte sich frisch und erschien schon bald bei meiner Frau in der Küche. »So, was gibt's zu tun?«

»Jetzt wollen wir Abendbrot essen, und dann zeige ich dir alles in Ruhe!« wehrte die Hausfrau ab.

Bei Tisch hatten die Cousinen das Wort. Was gab es nicht alles zu erzählen! Wir aber wußten, daß wir am übernächsten Tag beruhigt abreisen durften. Die Mutter würde zwei Wochen ohne uns vielleicht sogar genießen.

Wenn ich aus unserm Urlaubsquartier abends anrief, hörte ich zwischen dem Bericht meiner Mutter immer wieder das helle Lachen der Tante: »Uns geht es prima!« Mutter schien die Schmerzen, die sie so häufig plagten, jetzt vergessen zu haben.

Unsere langjährige Stundenhilfe mußte in Gemütlichkeit mit den Damen frühstücken, bis sie endlich – wenn auch widerstrebend – an die Arbeit gehen konnte. Und die Tante versicherte: »Noch nie bin ich in meinem Leben so faul gewesen wie hier bei euch!«

»Hanni ist ein Wirbelwind!« sagte meine Mutter. Es klang liebevoll, bewundernd. Aber nun war sie doch wohl zufrieden, daß wir sie wieder in unsere Obhut nahmen.

»Laß die jungen Leute nur verreisen, Lisbeth! Ich komme oft und gern wieder zu dir. Und du weißt ja: wenn es nach mir geht, ich möchte hundert Jahre alt werden!«

»Ja, ja . . .«, antwortete meine Mutter seherisch:

»Gott lenkt . . . Aber es könnte ja sein, daß dein Wunsch erfüllt wird, du Springinsfeld!«

Marzell Reiner

Kein Abend wie jeder andere

Hermine Herzog lebte sehr zurückgezogen. Ihr Mann war vor vier Jahren verstorben. Gemeinsame Bekannte hatten sich nach und nach zurückgezogen. Vielleicht deshalb, weil sie in ihrer Trauerzeit keine Kontakte zu ihnen gesucht hatte.

Ihre Tochter wohnte in der Kreisstadt. Man sah sich selten. Gelegentlich telefonierten sie miteinander. Dann hörte Frau Herzog häufig, »Mutti, ich muß es kurz machen!« Elli hatte viel zu tun. Die Mutter wußte das und sehnte sich doch danach, daß sich ihre Tochter mehr um sie kümmern würde.

»Im Alter ist es schwer, neue Bekannte zu finden!« hatte eine Bekannte geschrieben. »Man muß auf die Leute zugehen. Aber das liegt nicht jedem!«

Frau Herzog erinnerte sich oft an diese Zeilen. »Ich sollte mehr aus mir herausgehen!« ermahnte sie sich, seufzte dann aber. »Wenn mir das nur nicht so schwerfallen würde! Ich bin zu rücksichtsvoll, will niemandem zur Last fallen, sage mir, jeder hat seine Sorgen.« Ihr fehlte der Mut. Die Witwe verkroch sich immer mehr in ihren vier Wänden.

Abends saß sie vor dem Fernseher und fühlte sich schrecklich einsam.

Einmal war sie aus ihrer Abgeschiedenheit geholt worden. Margot, eine Freundin ihrer Tochter – sie sprach Frau Herzog mit »Tante Hermine« an – hatte geheiratet. Die ältere Dame hatte selbst nicht gewußt, wie sie zu der Ehre gekommen war, von Margot und Heinz, dem Bräutigam, zur Hochzeit eingeladen zu werden. Sie hatte den beiden eine Ansicht des Heimatortes geschenkt. Margot hatte sich sehr darüber gefreut. Sie war mit Heinz ins Nachbardorf gezogen. Nun hatte sie eine Erinnerung an den Platz, an dem sie aufgewachsen war.

An tristen Abenden dachte Frau Herzog an die heiteren Stunden des Hochzeitstages. Wie schön war es in geselliger Runde bei feinem Essen und angeregter Unterhaltung gewesen!

»Wie wird es Margot und Heinz gehen?« fragte sie sich in einer besonders trüben Stunde, »sie werden noch beim Wohnungseinrichten sein. Da kann ich nicht stören.«

»Man muß auf die Leute zugehen!« erinnerte sie sich. Sie griff zum Telefon. Dann zog sie die Hand wieder zurück. »Jungvermählte wollen allein gelassen werden, noch dazu, wenn sie sich gerade ihr eigenes Nest bauen! Ob Margot sich gestört fühlt, wenn ich kurz anläute?« überlegte Frau Herzog bald darauf. »Was ist, wenn Heinz, der vielleicht gerade tapeziert oder Wände streicht, ans Telefon geht?«

Frau Herzog gab sich einen Ruck. »Einen kurzen Anruf kann niemand verübeln!« machte sie sich Mut, wählte Margots Nummer und wartete mit Herzklopfen darauf, wer abheben würde.

»Kaufmann!« meldete sich Heinz.

»Hier ist Herzog!« antwortete sie zaghaft. »Ich wollte nur hören, wie es euch geht.«

»Margot, Tante Hermine ist am Telefon! Kommst du?« rief der junge Mann. Es klang freundlich, ja erfreut.

»Hallo, Tante Hermine!« Die junge Frauenstimme war voll freudiger Überraschung. »Wie schön, daß du anrufst! Wir sprachen eben von dir. Deine Ortsansicht bekam einen Ehrenplatz über dem Wohnzimmersofa. Wir sind mit der Wohnung noch immer nicht ganz fertig. Heute wollen wir uns jedoch eine Arbeitspause gönnen und beim Italiener essen. Wie wär's, wenn du mitkommen würdest? Heinz würde sich auch freuen. Er nickt. Wir fahren zu dir und holen dich ab!«

Wenig später speiste Hermine Herzog mit dem jungen Paar in einem gemütlichen Lokal bei Kerzenschimmer und leiser Musik. Sie sah fröhliche Menschen, unterhielt sich gut und hatte Stunden, die ganz und gar nicht den üblichen schmerzlich einsamen Abenden glichen. Frau Herzog taute richtig auf und berichtete aus ihrem ereignisreichen Leben, so daß Heinz und Margot beim Abschiednehmen meinten: »Tante Hermine, es war so nett mit dir zusammen, wir holen dich bald wieder zum Essen ab.«

Cordel Bertram

Jahresringe

Lieber Jochen,

dies soll noch ein nachträglicher Gruß zu Deinem 75. Geburtstag sein. Jetzt, nachdem das große Feiern vorbei ist, von dem Du so gar nichts hältst. Es soll ein Wald- und Garten-Brief werden, als Dank an Dich, weil Du mit Deinen lieben Augen immer alles begrüßt, was zu mir gehört, wenn Du kommst und ich Dir auf dem langen Weg entgegengehe.

Heute morgen stand ich vor meinem Akeleienbeet und war traurig. All die Jahre reichten mir die Stauden mit ihren blaugrünen Blättern bis an die Knie, und die Blütenstände waren schon so groß, wie meine Vorfreude auf diese zarten, im Wind schaukelnden Blumen.

Nicht so dieses Jahr: Die Büsche waren klein geblieben, dünn und niedrig. Und durch viele Lücken sah man die braune Erde. Ich mochte sie alle: die derberen, wilden in allen Farben zwischen blau und rot und die zarten, mit ihren langen Sporen, oft zweifarbig, die später aufblühen. Alle hatte ich selbst aus Samen gezogen. Warum nur waren sie dieses Jahr so kümmerlich und elend? Es fiel mir ein, wie sonnig und trocken das vergangene Jahr gewesen war, wochenlang kein Regen. Ich hatte zu tun, das am Leben zu erhalten, was noch Blüten und Früchte bringen sollte.

Fast die ganze Pflege des Gartens beschränkte sich darauf, Wasser zu tragen und zu gießen. Da reichte weder Zeit noch Kraft, auch das zu wässern, was schon abgeblüht war.

Und nun, fast ein Jahr danach, konnte ich sehen, daß dies nicht ohne Folgen geblieben war. Die Pflanzen hatten diesen Mangel gar nicht oder nur gerade noch überstanden. Es war ihr Tod gewesen oder bei den Überlebenden ein tiefer Einschnitt.

Ich war traurig. Mir fiel ein, daß ein Holzarbeiter im Wald mir beim Einschlag die Jahresringe gefällter Bäume gezeigt hatte, an denen man genau erkennen konnte, welche für den Baum magere oder fette Jahre gewesen waren. Jahre, an denen er es gerade noch geschafft hatte zu überleben oder wo er sich gesund und üppig entwickeln konnte. Es war keines von den Jahren verloren. Alles war in den Ringen aufgezeichnet.

Ist es nicht auch bei den Schafen so? Zu Zeiten, wo im Frühjahr das Futter zu Ende geht und die Weide wegen des Wetters spät beginnt, bekommt die Wolle, jedes einzelne Haar, einen Knick. Auch wenn die Mutter zu viele Lämmer säugt oder eine

Krankheit durchmacht. Bei der nächsten Schur erkennt man am Wollvlies diesen Knick.

So ist es auch bei Blumen, Bäumen und Tieren. Und wir Menschen, die wir doch auch zu den Gottesgeschöpfen gehören? Mögen wir anderen gesund und munter erscheinen, so ist auch bei uns, irgendwo verborgen, festgehalten auf Jahre oder lebenslänglich, was wir erlebt, vielleicht gerade nur überlebt haben.

Unsere guten und schlechten Jahre, wer kann die wohl bei uns erkennen? Sind es die grauen Schläfen, sind es die Falten um Augen und Mund?

Seit wann zittert unser Herz so, daß man es an den Händen erkennen kann? Seit welchem Jahr ist diese nie mehr zu überwindende Angst in mir, wenn ich längere Zeit auf die Kinder warten muß, die nun schon keine Kinder mehr sind? Ist es seit dem Unfall, wo ich um ihr Leben bangte?

Wird mir manchmal so leer, so elend, seit ich am Gartentor einem nachwinkte, der nicht mehr wiederkehrte?

Läßt der Schlaf oft so lange auf sich warten, seit der Nacht, als mir klar wurde, welche Krankheit den Gefährten von meiner Seite nehmen würde?

Wo überall tragen wir auch solche Narben in und an uns, aus denen sich unser Leben ablesen läßt? Wird der, der uns die guten und schlimmen Jahre zumißt, weil wir sie zum Reifen brauchen, wird der am Ende an den Narben erkennen, wie wir es überlebt haben?

Da fällt mir ein Wort von Dietrich Bonhoeffer ein: »Es mag sein, daß die Zeiten, die nach menschlichem Ermessen Zeiten des Einsturzes sind, für IHN die Zeiten des Bauens sind.«

Das ist wohl ein tröstliches Ende für diesen Brief, mein lieber Freund, und in diesem Sinne sei herzlich gegrüßt und hab Dank für all die Jahre, in denen Du meinen Garten miterlebt hast. Ich hoffe, Du wirst ihn noch lange freundlich begrüßen.

Deine Susanne

N. N.

Das Herz erfüllt von Lob und Dank

Einen Augenblick zögerte ich in dem dunklen Hausgang. Den ganzen Morgen bin ich durch meine Gemeinde gegangen, um die Gemeindeglieder kennenzulernen. Ja, nun kommt es mir auf einmal zum Bewußtsein, daß ich müde bin und – es sei ehrlich gestanden – auch ein wenig verzagt.

Überall fand ich kühle Ablehnung des Evangeliums; Herzen, die von tausend Sorgen beschwert, die eine große Sorge nicht mehr haben: wie man selig wird; Herzen, die voll Bitterkeit und Not waren, daß sie nicht mehr hören konnten auf das, was ich ihnen sagen wollte.

Da hinten, im dem dunklen Hinterhaus, soll ein alter, blinder Mann wohnen. Ich habe fast keine Kraft und keinen Mut mehr zu diesem Besuch. Was wird der erst klagen! Aber dann fasse ich mir doch ein Herz, überquere den kleinen, dunklen Hof und betrete die düstere Korbmacherwerkstatt. Langsam gewöhnt sich mein Auge an die Dunkelheit.

Da, hinter Bergen von Körben, erhebt sich ein alter Mann. Als er steht, sehe ich, daß er eine stattliche Erscheinung ist. Erloschene Augen richten sich fragend auf mich. »Guten Tag! Ich bin der neue Pfarrer der Gemeinde.« Da geht ein freundliches Lächeln über sein Gesicht. Höflich lädt er mich zum Niedersitzen ein auf einem niedrigen Hocker, und dann bitte ich ihn, mir von seinem Leben ein wenig zu erzählen.

Ja, und dann erfaßt mich das große Staunen: es kommt kein Klagen! Im Gegenteil. Der alte Mann erzählt mir, wieviel Barmherzigkeit ihm Gott in seinem Leben getan habe. Je länger er erzählt, desto mehr wird sein Erzählen ein fröhliches Loben des großen Gottes, der durch Jesus, unseren Heiland, sein Vater sei.

Als ich gehen will, sagt er: »Herr Pfarrer, ich habe einen Wunsch. Lesen Sie mir doch einmal meinen Lieblingspsalm vor, den Psalm 34!«

Ich ziehe mein Testament heraus und fange an zu lesen: »Ich will meinen Herrn loben allezeit, sein Lob soll immerdar in meinem Munde sein . . .«

Immer noch läßt er mich nicht gehen. »Herr Pfarrer, wir müssen noch einen Vers zusammen singen!« Und mit sicheren tastenden Bewegungen räumt er einen ganzen Berg Weiden und Körbe beiseite. Da kommt ein kleines Harmonium zum Vorschein, das er sorgfältig mit einem roten Tuch zugedeckt hat. Und dann sitzt der alte Mann vor dem Harmonium. Sicher gleiten seine Finger über die Tasten, und während seine blinden Augen aussehen, als schauten sie in die Ewigkeit, fängt er mit kräftiger Stimme an zu singen:

> Weil denn weder Ziel noch Ende
> sich in Gottes Liebe findt,
> ei, so heb ich meine Hände
> zu dir, Vater, als dein Kind.

So geschah es, daß die dunkle Werkstatt im Hinterhause, die Behausung eines armen blinden Korbmachers, voll wurde von der Herrlichkeit Gottes.

Aus Italien

Zeit und Ewigkeit

Es war einmal ein kleiner Heiliger, der hatte viele Jahre ein glückliches und zufriedenes Leben geführt. Als er eines Tages gerade in der Klosterküche beim Geschirrabwaschen war, kam ein Engel zu ihm und sprach: »Der Herr schickt mich zu dir und läßt dir sagen, daß es an der Zeit für dich sei, in die Ewigkeit einzugehen.«

»Ich danke dem Herrgott, daß er sich meiner erinnert«, erwiderte der kleine Heilige. »Aber du siehst ja, was für ein Berg Geschirr hier noch abzuwaschen ist. Ich möchte nicht undankbar erscheinen, aber läßt sich das mit der Ewigkeit nicht noch so lange hinausschieben, bis ich hier fertig bin?«

Der Engel blickte ihn nach Engelsart weise und huldvoll an, sprach: »Ich werde sehen, was sich tun läßt«, und verschwand.

Der kleine Heilige wandte sich wieder seinem Geschirrberg zu und danach auch noch allen möglichen anderen Dingen.

Eines Tages machte er sich gerade mit einer Hacke im Garten zu schaffen, da erschien auf einmal wieder der Engel. Der Heilige wies mit der

Hacke gartenauf und gartenab und sagte: »Sieh dir das Unkraut hier an! Kann die Ewigkeit nicht noch ein bißchen warten?« Der Engel verschwand abermals.

Der Heilige jätete den Garten fertig, dann strich er die Scheune. So werkte er fort und fort, und die Zeit ging dahin ...

Eines Tages pflegte er im Hospital die Kranken. Er hatte eben einem fiebernden Patienten einen Schluck kühlen Wassers eingeflößt, da sah er, als er aufblickte, wieder den Engel vor sich.

Dieses Mal breitete der Heilige nur mitleidheischend die Arme aus und lenkte mit den Augen des Engels Blicke von einem Krankenbett zum anderen. Der Engel verschwand ohne ein Wort.

Als der kleine Heilige sich an diesem Abend in seine Klosterzelle zurückzog und auf sein hartes Lager sank, sann er über den Engel nach und über die lange Zeit, die er ihn nun schon hingehalten hatte. Mit einmmal fühlte er sich schrecklich alt und müde, und er sprach: »O Herr, könntest du deinen Engel doch jetzt noch einmal schicken, er wäre mir sehr willkommen.«

Kaum hatte er geendet, stand der Engel schon da ...

»Wenn du mich noch nimmst«, sagte der Heilige, »so bin ich nun bereit, in die Ewigkeit einzugehen!«

Der Engel blickte den Heiligen nach Engelart weise und huldvoll an und sprach: »Was glaubst du wohl, wo du die ganze Zeit gewesen bist?«

Quellennachweis

Herausgeber und Verlag danken den Autoren und Verlagen für die Abdruckgenehmigung. In einigen Fällen war es nicht möglich, die Inhaber der Rechte ausfindig zu machen.

Hans Bahrs
  Tante Hanni. Mit freundlicher Genehmigung von Frau Anne Bahrs.
Cordel Bertram
  Jahresringe. Mit freundlicher Genehmigung der Autorin.
Edith Biewend
  Vom Rollerfahren und vom lieben Gott, Friedrich Reinhardt Verlag, Basel/Berlin 1981.
Zenta Braun
  Großmutters Leben. Mit freundlicher Genehmigung der Autorin.
Georges Kempf
  Sein erstes Gedicht. Mit freundlicher Genehmigung des Autors.
Christel Looks-Theile
  Das Leid überwinden. Mit freundlicher Genehmigung der Autorin.
M. A. Misevicius
  Die Geduld. Mit freundlicher Genehmigung von Frau Maria Misevicius.
Hans Orths
  Bald ist es soweit. Mit freundlicher Genehmigung des Autors.
Anneliese Probst
  Nachtwache, in: Die unentwegte Großmutter, Evangelische Verlagsanstalt, Berlin 1978.
Marzell Reiner
  Kein Abend wie jeder andere. Mit freundlicher Genehmigung des Autors. Rechte beim Autor.

Johannes Schöne
: Kein Tag ist verloren, in: Rentner von Gottes Gnade, Evangelische Verlagsanstalt, Berlin 1968.

Ilse Schweizer
: Man muß nicht so allein sein. Plötzlich gab es viele Sitzplätze. Mit freundlicher Genehmigung der Autorin.

Verzeichnis der Lesedauer

Johannes Schöne
Kein Tag ist verloren					21 Minuten

Hans Orths
Bald ist es soweit					5 Minuten

Anneliese Probst
Nachtwache						16 Minuten

Edith Biewend
Vom Rollerfahren
und vom lieben Gott					18 Minuten

Ilse Schweizer
Plötzlich gab es viele Sitzplätze			3 Minuten

Georges Kempf
Sein erstes Gedicht					14 Minuten

Zenta Braun
Großmutters Leben					6 Minuten

M. A. Misevicius
Die Geduld						9 Minuten

Christel Looks-Theile
Das Leid überwinden   3 Minuten

Ilse Schweizer
Man muß nicht so allein sein   3 Minuten

Hans Bahrs
Tante Hanni   7 Minuten

Marzell Reiner
Kein Abend wie jeder andere   5 Minuten

Cordel Bertram
Jahresringe   6 Minuten

N. N.
Das Herz erfüllt von Lob und Dank   4 Minuten

Aus Italien
Zeit und Ewigkeit   4 Minuten

In der Reihe Lesezeit – Vorlesezeit sind folgende weitere Bücher erschienen

Heinz Schäfer (Hrsg.), **Leben aus erster Hand**
Zeichen der Liebe Gottes
21 Geschichten
Bestell-Nr. 05 501 · 80 Seiten

Angelika Blum, **Die hochmütige Hummel**
und 36 weitere Geschichten, die Kindern biblische
Begriffe anschaulich machen
Bestell-Nr. 05 502 · 96 Seiten

Elke Kammer, **Der kleine und der große Baum**
und 17 weitere Geschichten für Kinder
Bestell-Nr. 05 503 · 104 Seiten

Jasna Rößler (Hrsg.), **Und dennoch Heimkehr**
16 Erzählungen zum Thema Hoffnung
und Vertrauen
Bestell-Nr. 05 504 · 128 Seiten

Angelika Blum, **Lukas hockt im Kletterbaum**
und 28 weitere Geschichten, die Kindern biblische
Begriffe anschaulich machen
Bestell-Nr. 05 505 · 112 Seiten

Jasna Rößler (Hrsg.), **Der alte Knochen und wie man ihn ersetzen kann**
Erzählungen für junge Leute und solche, die sich noch
jung fühlen
Bestell-Nr. 05 506 · 120 Seiten

Elke Kammer, **Eintrittskarten für den Himmel**
und 14 weitere Kurzgeschichten
Bestell-Nr. 05 507 · 112 Seiten

Paulgeorg Juhl, **Zuversicht schöpfen**
13 Kurzgeschichten
Bestell-Nr. 05 508 · 80 Seiten

Herbert Hartmann (Hrsg.), **Ein gutes Rezept**
Erzählungen für Tage der Krankheit
Bestell-Nr. 05 509 · 120 Seiten

Elke Kammer, **Er kam als ein Kind**
12 Geschichten zur Weihnachtszeit
Bestell-Nr. 05 510 · 96 Seiten

Herbert Hartmann (Hrsg.), **Sonnenschein und Regentropfen**
13 Erzählungen als Ferien-Lesespaß
Bestell-Nr. 05 511 · 96 Seiten

Herbert Hartmann (Hrsg.), **Es war ein langer Tag**
15 Erzählungen als Abendlektüre
Bestell-Nr. 05 512 · 96 Seiten

Elke Kammer, **Der Turm auf dem Hügel**
Gutenachtgeschichten für Kinder
Bestell-Nr. 05 513 · 160 Seiten

Herbert Hartmann,
Alle Farben dieser Welt
Geschichten und Gedichte entlang des Kirchenjahres
Das besondere Buch
Bestell-Nr. 05 105
160 Seiten

Das Buch möchte den Leser durch die Jahreszeiten und die Feste des Jahres begleiten. Die Beiträge zeigen mit unterschiedlichen Schauplätzen und Blickwinkeln das Licht der Liebe Gottes. Das Buch eignet sich auch gut zum Vorlesen in Hauskreisen oder anderen Veranstaltungen.

Herbert Hartmann (Hrsg.),
**Jeder Tag
ist doch Geburtstag**
Die Reihe in großer Schrift
Bestell-Nr. 05 222
64 Seiten mit Farbbildern

Herzlichen Glückwunsch zum Geburtstag und Gottes Segen im neuen Lebensjahr! Möge dieser bunte Strauß an heiteren Geburtstagsgeschichten den Lesern dieses Buches viel Freude bereiten.